www.tredition.de

Rolf-Peter Koch

Verkaufserfolg beginnt im Kopf: Gehirnwissen für den Vertrieb

Erfolgreicher Verkaufen durch sofort nutzbares Wissen aus Hirnforschung, Psychologie und Praxis

www.tredition.de

Verlag und Druck: tredition GmbH, Halenreie 40-44, 22359 Hamburg

ISBN
Paperback: 978-3-7497-2177-1
Hardcover: 978-3-7497-2178-8
e-Book: 978-3-7497-2179-5

Inhalt

Gender-Paragraph:

Anmerkung: Werden im Folgenden aus Gründen der besseren Lesbarkeit Personenbezeichnungen lediglich in der männlichen oder weiblichen Form verwendet, so schließt dies natürlich alle Geschlechter mit ein.

Coaching-Leitfaden für Verkäufer und Führungskräfte

Dieses Buch hat den Charakter eines Ratgebers und eines Coaching-Leitfadens. Es richtet sich an Menschen im Verkauf, die wissenschaftliche Hintergründe in der Praxis schätzen.

Und ist als Coachingrundlage gleichermaßen für Vertriebsmitarbeiter/innen (zum Selbstcoaching) und Führungskräfte (zum Mitarbeitercoaching) geeignet.

Sowohl Neulinge als auch erfahrene Profis können von der starken Praxisorientierung und den aktuellen Erkenntnissen aus moderner Hirnforschung, Verhandlungs- und Verkaufspsychologie profitieren.

Gemeinsam mit Verkaufs-Profis und Vertriebsführungskräften sind die praxisnahen und sofort einsetzbaren Tipps, Techniken und Vorgehensweisen auf Anwendbarkeit im Tagesgeschäft geprüft worden.

Sie werden mit schwierigen Kunden besser zurechtkommen und mehr Leichtigkeit im Tagesgeschäft erleben.

Bessere Umsätze und Ergebnisse sind dann nur eine Frage der Zeit.

Wenn ich Ihnen als Verkäufer/in einen ersten Tipp geben darf:
Nutzen Sie dieses Buch als tägliche Arbeitsgrundlage, legen Sie es auf den Beifahrersitz, dort sitzt ja in der Regel niemand.

Identifizieren Sie aus der sorgfältigen Selbstreflexion und der Analyse dann Ansatzpunkte, an denen Sie persönlich arbeiten wollen.

Und besprechen Sie diese auch mit Ihren Vorgesetzten.

Nutzen Sie ihn/sie als Sparringspartner für Ihren Verbesserungsprozess.

Sie können dann nicht verhindern, zu einem noch besseren Verkäufer zu werden.

Mein Tipp für Vertriebsführungskräfte:

Sie können die Inhalte dieses Buches als Coaching-Grundlage verwenden. Nutzen Sie das Buch als Checkliste für Ihre Zusammenarbeiten und Coachings-on-the-job. Sie werden sehen, dass Sie eine enorme Arbeitserleichterung haben werden.

Darüber hinaus werden Sie feststellen, dass Ihre Mitarbeiterinnen und Mitarbeiter schneller zu Verkaufserfolgen kommen und dass insgesamt eine Leistungskultur entsteht, die sich aus einem intrinsisch entstehenden Ehrgeiz entwickelt, da die Vorgehensweisen dieses Buches sofort funktionieren, wenn man Sie denn anwendet.
Nichts ist für die Motivation und die Leistungsbereitschaft besser als Erfolge zu haben.
Wie der Fußballer Mehmet Scholl schon so schön sagte: „Wenn ich jedes Spiel gewinne, muss ich zum Team-Building nicht in den Klettergarten gehen."

Dieses Buch nutzt Erkenntnisse aus Verhandlungs-, Verkaufspsychologie und moderner Hirnforschung.

Gemeinsam mit Verkaufs-Profis sind diese Erkenntnisse dann in praxisnahe und sofort umsetzbare Tipps, Techniken und Vorgehensweisen des Neuroselling eingeflossen, die jedem im Vertrieb das Leben erleichtern können.

> Wir brauchen ein System, das stärker ist als unser evolutionäres Programm, das uns zu Bequemlichkeit und Sicherheit verleitet.

Vorwort: Es gibt nichts Gutes, außer man tut es

Diesen Satz von Erich Kästner möchte ich Ihnen besonders ans Herz legen. Nike nennt es: „Just do it".

Eine Warnung vorab: Sie werden auf den folgenden Seiten mit sehr vielen Dingen konfrontiert werden, die Sie in der einen oder anderen Form schon kennen. Um der Informationsüberladung zu entfliehen, macht unser Gehirn an diese Dinge schon mal einen Haken.

> Es ist nicht das, was wir nicht wissen, das uns in Probleme stürzt; Probleme bekommen wir immer, wenn wir uns über Etwas absolut sicher sind, dies aber so nicht ist.
> Mark Twain

Das bedeutet: Kenne ich schon, abhaken. Wir werden sehen, unser Hirn ist faul. Weil es viel Energie verbraucht, haken wir schnell mal etwas ab. In Zeiten der Informationsüberflutung erst Recht.

Deshalb mein Appell an Sie: Fragen Sie sich lieber, ob Sie das, was Sie schon kennen, auch tun, und zwar täglich und immer mit der gleichen Energie.
Das ist aus meiner Sicht der wesentliche Unterschied zwischen besonders erfolgreichen und weniger erfolgreichen Menschen.

Es sind nicht alleine Talent, Glück, oder die genetische Ausstattung, sondern die konsequente und disziplinierte Arbeit mit denjenigen Dingen, die funktionieren.
Aus der Forschung wissen wir, dass wir 10.000 Stunden Übung brauchen, um in einem Bereich Spitzenleistungen zu erzielen. Wer dann noch einen guten Förderer, ein überdurchschnittliches Talent und Durchhaltevermögen hat, der wird absolute Weltklasse.

Dabei spielt es keine Rolle, ob wir in der Welt der Musik, im Sport oder der Wirtschaft sind.

Zwischen Spitzenleistungen und Weltklasse liegen z.B. im Sport meist nur 5-10 %. Und Spitzenleistungen kann jeder erreichen, auch im Vertrieb.

Ich bin zutiefst davon überzeugt, dass Erfolg nur ein Geheimnis hat: **Wissen und Anerkennen, dass man den richtigen Weg geht und dann losgehen und es umsetzen.**

Ich werde Sie im Laufe dieses Buches immer wieder auffordern, einzelne Kapitel noch einmal zu lesen und sich tiefgehend mit dem Themen auseinanderzusetzen.

Sehen Sie mir bitte nach, dass ich dies tue. Ich folge damit den wichtigsten Erkenntnissen der Hirnforschung, die aber auch unsere Großmutter schon wusste, dass nur Übung den Meister macht und dass wir uns mit Themen mehrfach intensiv auseinandersetzen müssen, wenn wir sie voll in unser Verhaltensspektrum aufnehmen wollen.

Die wissenschaftliche und praktische Basis für die in diesem Ratgeber beschriebenen Phänomene entnehme ich folgenden 4 Quellen:

AFNB, Akademie für neurowissenschaftliches Bildungsmanagement:

Als Mitglied kann ich auf wissenschaftliche Forschungsergebnisse jederzeit zurückgreifen. Ein Team von Experten der Akademie für neurowissenschaftliches Bildungsmanagement (AFNB) erarbeitet Informationen von den anerkanntesten wissenschaftlichen Quellen.

Hierzu zählen Quellen, wie z.B. das Max-Planck-Institut in Deutschland, berühmte Universitäten wie Harvard in den USA und renommierte Wissenschaftler unserer Zeit wie z.B. der Nobelpreisträger Prof. Dr. Eric Kandel oder der wohl bekannteste Neurobiologe Europas, Prof. Dr. Gerhard Roth.

Academy of neuroscience:

Das Ausbildungsprogramm zum Master of cognitive neuroscience zählt zu den innovativsten und zukunftsorientiertesten Angeboten für Trainer, Berater und Coaches sowie für Unternehmer und Entscheider.

Das Programm zum Master of cognitive neuroscience habe ich in 2017 abgeschlossen.

Als Experte für Personalentwicklung – nicht nur im Vertrieb - habe ich umfassendes (neuro)psychologisches Wissen erworben, das durch validierte Konzepte der Hirnforschung abgesichert ist.

DNLA, verhaltenswissenschaftliche Analysen:

DNLA –Discovering Natural Latent Abilities basiert auf Grundlagenforschung zum Thema "Sozialkompetenz" und "Berufliche Erfolgsfaktoren" am Max-Planck-Institut in München.

Es wurde ein wissenschaftlich abgesichertes Modell entwickelt, das alle wesentlichen Faktoren im Bereich sozialer Kompetenz, die den Berufserfolg beeinflussen, beinhaltet.

Ein Team von Psychologen, erfahrenen Personalfachleuten, Trainern, Unternehmensberatern, Coaches und IT-Spezialisten entwickelte auf Grundlage dieser Erkenntnisse das DNLA - Expertensystem.

Validierung durch Praxiserfahrung:

Alle wissenschaftlichen Erkenntnisse des erfolgreichen Verkaufens habe ich im Laufe von Projekten mit Führungskräften und Spitzenverkäufern diskutiert und auf praktische Anwendbarkeit und auch auf Validität hin überprüft.

Von den besten Vertriebsprofis habe ich darüber hinaus die meisten der im Buch genannten Praxis-Tipps im Rahmen von Trainings- und Coachings bekommen.
Ich bin sehr dankbar, dass ich von diesen Menschen lernen durfte.

Weitere empirische Erkenntnisse sind aus einer 10jährigen Arbeit mit Marketing- und Vertriebsorganisationen entstanden, bei der ich an der Schnittstelle zwischen Beratung, Training und Coaching gearbeitet habe.

Viel Freude, vor allem bei der Anwendung, wünscht Ihnen

1.   Wie ticken Sie und wie tickt Ihr Kunde

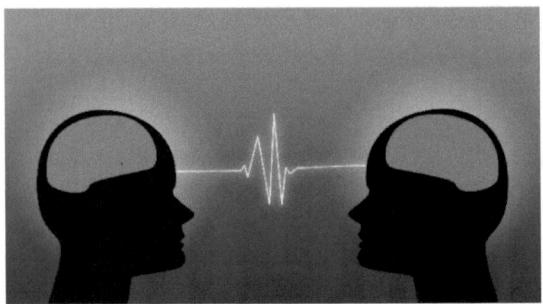

Menschen verhalten sich, trotz der unglaublichen Vielfalt an Kulturen, die wir auf dieser Erde haben, in sehr vielen Lebenssituationen sehr ähnlich.

Es gibt fundamentale biologische und psychologische Prinzipien, die das menschliche Verhalten beeinflussen und dirigieren. Und die im Großen und Ganzen automatisch und unbewusst ablaufen.

Wäre es als Verkäufer nicht gut zu wissen:
- Wie diese automatischen Verhaltensmuster bei Ihnen und Ihren Kunden wirken?
- Wo diese Muster einem Geschäftsabschluss ggf. im Wege stehen?
- Wie Sie mit leicht umsetzbaren Techniken bei Kunden noch erfolgreicher agieren können?

Und das alles im Sinne einer langfristigen und nachhaltigen Kundenbindung, ohne Kunden zu überfahren und vor den Kopf zu stoßen.

Kunden sind nachweislich zufriedener, wenn sie am Verkaufsprozess aktiv beteiligt werden und am Ende ein wirklich gutes Gefühl steht.
(Wir werden im weiteren Verlauf noch sehen, wie wichtig die Gefühlsebene im gesamten Verkaufsprozess ist)

Sehr gute Verkäufer sind Zustimmungs- und Einwilligungs-Profis.

Wer langfristig und nachhaltig mit Kunden arbeitet, überzeugt sie nicht nur von den Produkten, sondern arbeitet an einer Kundenbeziehung, die auch bei Schwierigkeiten belastbar bleibt.

Ein gewisses Maß an Kenntnis darüber, wie Menschen wirklich „funktionieren", mit dem Ziel, ihre Zustimmung zu erlangen, ist ein wesentlicher Baustein für verkäuferischen Erfolg.

Psychologie und die Erkenntnisse der Hirnforschung gehören deshalb zum Wissens-Repertoire eines Verkäufers heutzutage unverzichtbar zu.

2.   Ist das nicht alles Manipulation?

Ich lege sehr großen Wert darauf, dass es sich in diesem Buch, um eine
Zusammenstellung von Erfolgsfaktoren für Verkaufsprofis handelt, die immer eine nachhaltige Kundenbeziehung im Auge haben, die von einer Gewinner-philosophie für beide Parteien in einer Verhandlung aus-geht.

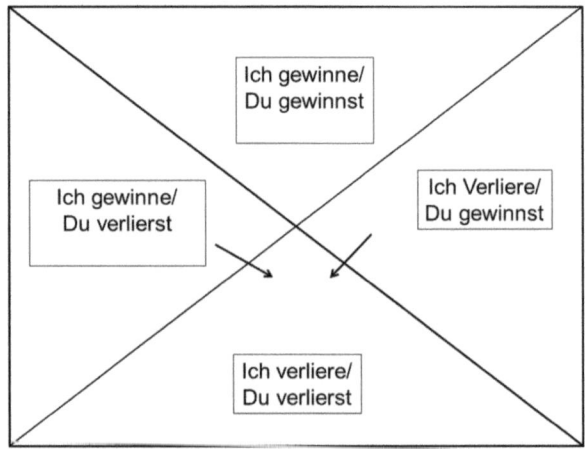

Ich bin zutiefst davon überzeugt, dass nur eine Verhandlung auf Augenhöhe (Gewinner/Gewinner) zu langfristig guten Ergebnissen für alle führen
kann.

Sowohl das manipulative „Überfahren" des Kunden durch den Verkäufer
als auch eine Unterwerfung des Verkäufers durch einen Anbieter mit viel
Marktmacht, führt dazu, dass am Ende beide verlieren werden, auch,
wenn kurzfristige einseitige Gewinne zustande kommen.

Wenn Sie genau verstehen, wie Sie selber und Ihr Kunde ticken, was
Ihnen und dem Kunden wichtig ist, wie kann es dann zu Verhandlungskrie-
gen mit Stillstand kommen, wie wir Sie aus vielen Beispielen, auch aus der
Politik kennen?

Blindes Ausüben von Macht und einseitige Gewinnerspiele führen zu
Ego-Trip-Selling, bei dem manipuliert wird, um kurzfristigen Ergebnisse sicherzustellen, koste es, was es wolle.

In diesem Buch geht es um etwas ganz Anderes:

Es geht um die Verbesserung der Wertschöpfung für beide Parteien.

Dies funktioniert umso besser, je besser sich Kunde und Verkäufer auch emotional verstehen.

> Ein „Deal" kommt oft in Hinterhöfen zustande, auf nachhaltige Gewinne für beide Seiten wird kein Wert gelegt. Verhandeln ist deshalb nicht „dealen."

Dieses Buch dient dem besseren Verständnis, es zeigt einige biologische und verhaltenswissenschaftliche Gleichheiten zwischen Menschen auf, die wir für ein nachhaltiges Geschäft nutzen können.
Und die ein Abrutschen ins Ego-Trip-Selling verhindern.

3. Was Sie über das Gehirn Ihres Kunden wissen sollten

Wir werden in den nachfolgenden Punkten einige automatisierte Verhaltensmuster untersuchen, die in Psychologie und Hirnforschung in den letzten Jahren in Bezug auf menschliches Verhalten erforscht worden sind.

Diese automatisierten Verhaltensmuster können Sie sich im Vertrieb zu Nutze machen, wenn Sie diese in Ihre Gespräche einfließen lassen. Denken Sie jedoch auch an Ihre eigenen Verhaltensmuster.

Die folgenden Ausführungen über Ihr eigenes Gehirn und das Ihrer Kunden, geben Ihnen einen **Überblick, wie die Schaltzentrale menschlichen Verhaltens funktioniert.**

Was Sie daraus unmittelbar für den verkäuferischen Alltag ableiten können, wird direkt unterhalb der einzelnen Punkte abgehandelt.
Denken Sie auch hier immer an Ihr eigenes Gehirn und die dort vorhandenen Potenziale.

Ein guter Verkäufer weiß, wie er selber und wie seine Kunden ticken und synchronisiert seine Verhaltensweisen mit den Erwartungshaltungen des Kunden.

3.1 Wir Menschen sind denkfaul und das ist gut so

Wir Menschen sind grundsätzlich sehr denkfaul. Dies liegt in erster Linie daran, dass unser Gehirn überproportional viel Energie verbraucht.
Es macht nur ca. 2 % unseres Körpergewichts aus, benötigt jedoch ca. 20 % der Energie des Organismus.
Wir haben deshalb im Laufe der Evolution gelernt, eine sehr energiesparende Verarbeitung von Informationen zu ermöglichen.
Sprache ist z.B. eine erst kürzlich erfundene Laune der Evolution, in Bildern können Menschen sehr viel besser „denken".

Wenn Sie rein faktenorientiert „senden", kommen Ihre Botschaften nicht so an, wie unser Gehirn Informationen verarbeitet.
Unsere linke analytische Gehirnhälfte ist im Verkaufsprozess zwar stark beteiligt. Wie wir noch sehen werden, ist dies besonders in der kritischen Phase des Vertrauensaufbaus am Anfang eines Gesprächs der Fall.

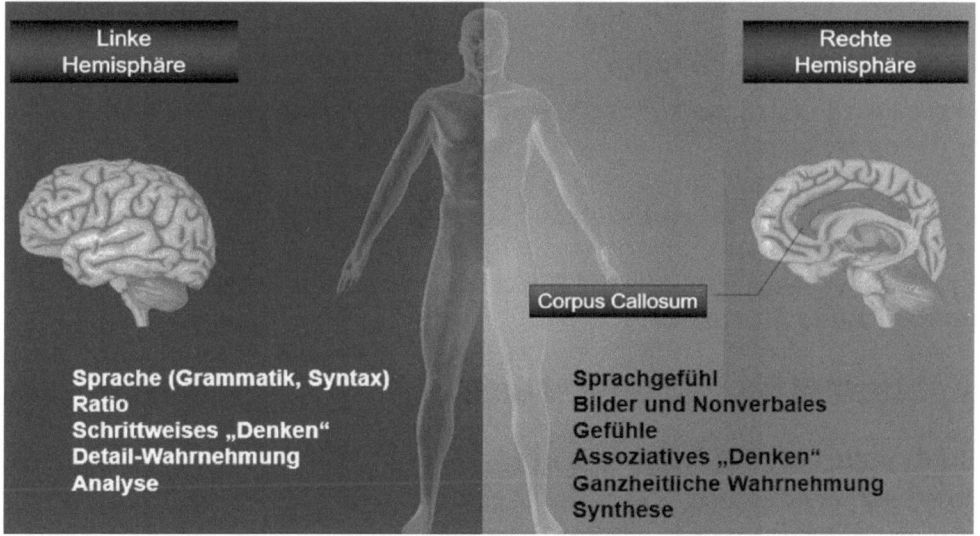

Ohne jedoch auch die assoziativen und bild-orientierten Bereiche unseres Gehirns anzusprechen, bleiben Ihre Botschaften nicht hängen und gehen im Rauschen der Präsentationen aller Verkäufer unter.

Auch, wenn wir heute wissen, dass die beiden Gehirnhälften sich in ihrer Funktion stärker vermischen als bisher gedacht, bleibt die grundlegende Aussage bestehen: durch die Ansprache der bildhaften und assoziativen Teile des Gehirns werden Sie im Verkauf erfolgreicher sein.

Meine Praxis-Tipps für Sie:

- Formulieren Sie einfache Sätze, am Besten in Bildern oder einer bildhaften Sprache, ansonsten ist Ihre Botschaft für Ihr Gegenüber nur mit erhöhtem Aufwand zu verarbeiten.
- Die Wahrscheinlichkeit, dass selektiv „abgeschaltet" wird, ist dann sehr groß.
- Wenn Sie nachhaltig in den Kopf Ihres Kunden kommen wollen, dann regen Sie das bildhafte Denken, die Welt der Wünsche und die Phantasie Ihres Kunden an.

3.2 Sprechen Sie in Bildern

Eine bildhafte Sprache können Sie in vielen Bereichen des Verkaufsgespräches einsetzen:

a.) z. B. um einen Produktnutzen darzustellen oder

b.) z.B. um einem Kunden die Situation nach dem Verkauf vor das geistige Auge zu rufen.

zu a.) Beispiel für den Produktnutzen:

Ein Restaurant lobt folgendes aus:
ohne bildhafte Wirkung:
Currywurst mit Pommes Frites.

mit bildhafter Wirkung:
Feine Bratwurst mit einer Curry-Orangen-Sauce und einer Chillinote Ihrer Wahl, dazu servieren wir frisch geschnittene Kartoffelstäbchen.

zu a.) Beispiel für den Produktnutzen:

Ein Verkäufer, der eine Tauchausrüstung verkauft:

ohne bildhafte Wirkung:
Das Material ist sehr kältebeständig.

mit bildhafter Wirkung:
In dieser Taucherausrüstung bleiben Sie in eiskaltem Wasser dreimal länger warm und beweglich als mit konventionellem Material.

Welche Variante motiviert Sie eher zum Kauf?

zu b.) Beispiel für die Situation nach dem Kauf:

Man malt ein Bild einer möglichen Zukunft und regt damit die Phantasie des Kunden an.

Dazu gibt es zwei mögliche Varianten:

b.1) ein positives Bild wird gezeichnet
b.2) ein negatives Bild wird gezeichnet

zu b.1) ein positives Bild wird gezeichnet

Bild eines Autoverkäufers, der einen geräumigen Van verkauft:

Stellen Sie sich mal vor, Sie machen einen spontanen Ausflug mit Ihrer Familie und Sie bekommen Kinderwagen, Koffer und sogar die Spielsachen der Kinder schnell und sicher verpackt.

zu b.2) ein negatives Bild wird gezeichnet

Folgendes haben Wissenschaftler dazu herausgefunden:
Die Aversion gegen Verluste ist doppelt so hoch wie die hirninterne Beloh-nung bei Gewinnen.

Nehmen wir einen Verkäufer, der eine Doppelplatzierung erreichen will und dafür ein Display anbietet:

Stellen Sie sich mal vor, der Kunde hat unsere Werbung gesehen, kommt in Ihr Geschäft und findet die Ware dann nicht. Dann machen Sie diesen Umsatz nicht. Und verlieren den Kunden ggf. ans „Internet".

Meine Tipps für Sie, die Sie unmittelbar umsetzen können:
Machen Sie ein internes Brainstorming innerhalb Ihres Verkaufs-Teams und „übersetzen" Sie jeden möglichen Produktnutzen Ihrer Produkte und Dienstleistungen in eine Darstellung, die Bilder im Kopf Ihres Kun-den produziert.

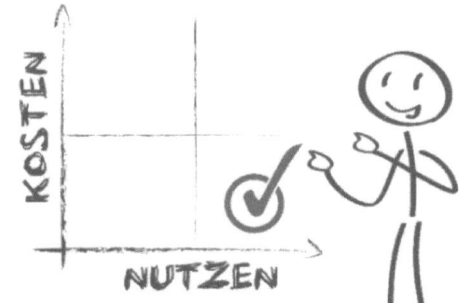

- Überlegen Sie zusätzlich, wie ein Kunde sich **nach dem Kauf Ihres Produktes fühlen soll.**

- Erzählen Sie dazu eine **bild-hafte Geschichte**, in dem Sie den Kunden auffordern, sich diese Situ-ation vorzustellen.

Jeder Verkäufer kann mit eingeübten Phantasiebildern und entsprechen-den Geschichten seine Kunden emotional ansprechen. Warum diese Ge-schichten wichtig sind, sehen wir im nächsten Kapitel.

3.3 Kunden sind zuerst emotionale Wesen

Emotionale Prozesse, die bereits in frühester Kindheit geprägt wurden, haben für unser Verhalten eine viel größere Bedeutung als unser Verstand, auf den wir sehr stolz sind, und der unserer Spezies den Namen gegeben hat.

Jedes Verhalten ist emotional gefärbt.

Ein Großteil der Emotionen, die uns leiten, ist uns - zu allem Überfluss - dabei noch unbewusst., d.h. unserem Tagesbewusstsein nicht zugänglich.

Die Gefahr:
Rein rationale Botschaften, reichen oft nicht aus und können ins Leere gehen. Sie können das beste Produkt der Welt anbieten. Wenn Sie es nicht auf die Bedürfnisse des jeweiligen Kunden zuschneiden und er/sie einen persönlichen (und emotionalen) Nutzen erkennt, dann kommt kein Abschluss zustande.

Meine Praxis-Tipps für Sie:
* Finden Sie heraus, wie Ihr Kunde tickt, wie Sie Ihn emotional erreichen können, **dazu brauchen Sie ein gutes Fragengerüst**, um das Konzept im Kopf des Kunden zu ergründen.
* Eine daraus abgeleitete Vorgehensweise in der Kommunikation gegenüber Ihrem Kunden führt im besten Fall dazu, dass Sie Ihren Kunden besser verstehen und er sich besser verstanden fühlt.

Wir tun dies immer mit dem Ziel, das Konzept im Kopf des Kunden herauszufinden und dafür zu sorgen, **dass die Kunden sich auch emotional verstanden fühlen.**

Gute Fragen und damit eine erfolgreiche Kommunikation sprechen die emotionalen Ebenen im Hirn der Kunden an. Durch die Antwort lernen Sie Ihren Kunden unmittelbar und – wenn Sie es sehr gut machen – sogar sehr tiefgehend kennen.

Dann können Sie ihm optimal dabei helfen, die richtige Entscheidung zu treffen, d.h. Sie bringen ihm die Lösung seiner Probleme **und den optimalen Nutzen. (Mehr dazu im Kapitel „6.4 Hirngerecht Fragen")**

3.4 Verluste wiegen doppelt so stark wie Gewinne

Die Belohnungssysteme im Hirn:

Bei Entscheidungsprozessen, bei denen es um den Kauf eines Produktes geht, stehen zwei Phänomene im Wettkampf miteinander:

auf der einen Seite die Freude am Erwerb des Produkts

und auf der anderen Seite der Schmerz des Bezahlens

Die Gefahr:

Verluste werden vom Gehirn mehr als doppelt so schwer gewichtet wie Gewinne.

Hat der Kunde das Gefühl (dies ist immer eine subjektive Einschätzung) beim Verkauf zu verlieren, ist die negative Hürde für Erfolg riesig groß.

Und es kommt hinzu, dass Sie dem Kunden dabei helfen sollten, sich durch den Dschungel der Angebote zu navigieren.

Die Qual der Wahl:

Es gibt Sie wirklich die Qual der Wahl. Bei Entscheidungsprozessen, bei denen wir aus einer Überfülle an Angeboten mit unterschiedlichen Eigenschaften der Produkte oder Angebote wählen müssen, werden Hirnareale aktiviert, die auch dann aktiv sind, wenn wir Schmerz empfinden.

Meine Praxis-Tipps für Sie:

- Reden Sie niemals über Preise und Rabatte, ohne vorher genau herausgefunden zu haben, was den Kunden bewegt, was seine persönlichen Gewinne (oder Verlustängste) sind.
- Ergründen Sie genau, wie Ihr Kunde tickt, worauf er Wert legt.
- Sorgen Sie dafür, dass Ihre Kunden so viele Gewinne wie möglich erleben.
- Sorgen Sie darüber hinaus dafür, dass Sie dem Kunden die Wahl beim Verkauf erleichtern.
- Nehmen Sie Ihre Kunden – insbesondere in der Abschlussphase „an die Hand" und geben Sie Ihnen Sicherheit, die richtige Entscheidung getroffen zu haben.

Wir werden im weiteren Verlauf beim hirngerechten Verkaufsgespräch noch sehen, wie die Belohnungssysteme im Hirn aktiviert werden können und wie die Systeme, die für Vorsicht und Überlegung zuständig sind, beruhigt werden können.

Vor allen Dingen werden wir sehen, was wir tun müssen, damit kritische Überwachungssysteme im Hirn unseres Kunden mehr und mehr beruhigt werden.

Wenn Sie dieses Wissen im Verkaufsgespräch gezielt einsetzen, aktivieren Sie die Belohnungszentren im Gehirn Ihres Kunden und motivieren ihn/sie auch, aktiv am Verkaufsprozess teilzunehmen.
Kunden fühlen sich dann deutlich besser (vermittelt über Neuromodulatoren) und sie sind viel zufriedener mit dem Abschluss.

Im einigen Branchen (z.B. in der Finanzberatung, bei Versicherungsabschlüssen) wird dadurch die Stornoquote deutlich verringert.
Grundsätzlich gilt, je komplexer und risikoreicher ein Geschäft ist, umso mehr muss der Kunde von Anfang an involviert werden.

Stellen Sie sich vor, Sie bauen ein Haus und der Architekt fragt vorher nicht nach Ihren ganz besonderen Wünschen und involviert Sie nicht von Anfang an, sondern macht sein eigenes Ding.

3.5 Ihre Kunden bewerten Sie rasend schnell

Erkennen und Bewerten im Hirn
Wenn wir einen Menschen zum ersten Mal wahrnehmen, entsteht automatisch innerhalb von unter einer Sekunde ein Gefühl der Sympathie oder der Antipathie.

Wir bewerten weitestgehend unbewusst die Signale, die unser Gegenüber uns sendet und entscheiden, ob wir die Person mögen (weil Sie uns ggf. ähnlich ist) oder ob wir Sie ablehnen (weil Sie in uns bedrohlich oder unsympathisch vorkommt).

Die Verarbeitungskapazität bewusster und unbewusster Prozesse liegt extrem weit auseinander:

- bewusste Prozesse sind sehr streng limitiert: 40 Bits/Sekunde.
- unbewusste Prozesse können ca. 40 Millionen Bits/Sekunde verarbeiten.

Unsere bewusste Wahrnehmung ist sehr stark limitiert, wir leben überwiegend im automatisierten Modus, dies hat in der Regel sehr viele Vorteile, weil wir sehr viel schneller Situationen bewerten können, um entsprechend zu reagieren.

Die Gefahr:
Durch unbewusste Prozesse im Hirn des Kunden und im Verhaltensprogrammen des Verkäufers (Körpersprache, Auftreten) kann es zu Dissonanzen kommen, die ein Verkaufsgespräch von vornherein belasten, ohne dass ein Wort gesagt wurde.

Meine Praxis-Tipps für Sie:
- Achten Sie besonders auf Signale, die Sie senden. (Mimik, Gestik, generelle Körpersprache)
- Versuchen Sie Ihre Mimik positiv zu gestalten, in dem Sie vor dem Gespräch bewusst lächeln und Ihre Mundwinkel anheben.
- Dass Sie auf Ihre Kleidung achten, ist selbstverständlich. Achten Sie jedoch besonders darauf, weder over- noch underdressed zu sein. Es kommt auf die Gemeinsamkeit mit dem Kunden an.
- Wenn Sie kommunizieren, dann stellen Sie sehr schnell Gemeinsamkeiten her.

Im nächsten Kapitel setzen wir uns mit menschlichen automatisierten Verhaltensmustern auseinander. Wir betrachten diese einerseits unter dem Aspekt Ihres Kunden, jedoch auch immer unter Beachtung Ihres eigenen Verhaltens.

Zu wissen, welche Verhaltensneigungen wir selber haben und welche automatisiert ablaufenden Programme unser jeweiliger Kunde hat, ist im Verkauf eine wesentliche Voraussetzung für Erfolg.

4. Menschlich automatisierte Verhaltensmuster nutzen

Im Folgenden werden wir uns mit automatisch ablaufenden Verhaltensmustern auseinandersetzen und Sie erhalten unmittelbare Hinweise, was Sie tun können, um das Vertrauen Ihrer Kunden zu erhalten und zufriedenere Geschäftspartner zu bekommen.

Ihre Kunden ticken in diesen Dimensionen überwiegend sehr ähnlich: (Weitere Details dazu bei: Cialdini, Influence, The Psychology of Persuasion, Kahneman, Daniel (2017): Schnelles Denken, langsames Denken. 1. Auflage. München: Penguin Verlag.)

Wir werden sehen, wie Sie dieses Verhalten für Ihren Verkaufserfolg nutzen können.

Seien Sie sich darüber absolut im Klaren, **dass diese Prinzipien bei Ihnen genauso vorhanden sind und wirken, wie bei Ihren Kunden.** Immer, wenn Sie selber etwas kaufen, können Sie durch Beobachtung mindestens 2 Vorteile ableiten:

- Sie lernen, **ob Ihnen selber ein guter Verkäufer gegenübersitzt**, der die automatisierten Verhaltensmuster bei Ihnen für das Zustandekommen des Geschäftes nutzt.
- Und Sie lernen, welche Methoden bei Ihnen persönlich gut oder schlecht gewirkt haben. Sie können dann Ihr Verkaufsgespräch durch **noch mehr Aufmerksamkeit auf Ihre eigene Verkaufstätigkeit** deutlich verbessern.

Viele der folgenden Prinzipien haben sich im Laufe der Evolution in unserem Verhalten verselbständigt. Sie wirken unmittelbar und stehen uns **unbewusst und vor allen Dingen schnell und ohne nachzudenken** zur Verfügung.

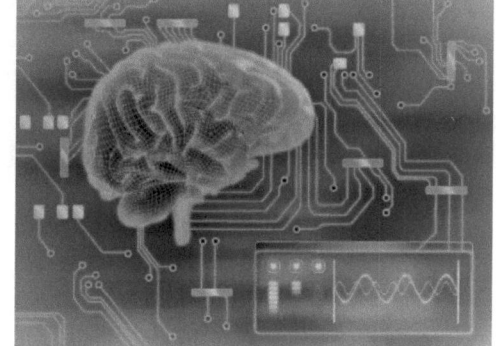

Wir haben gesehen, dass unser Hirn viel Energie verbraucht. Abkürzungen und automatisierte Verhaltensmuster sparen Energie, erleichtern uns jedoch auch das Leben, weil wir sehr schnell reagieren können.

Nachdenken kostet Zeit und Energie. Bei den meisten Entscheidungen kommen wir Menschen mit einem Minimum an kognitiver Reflexion aus. Einige Menschen scheinen komplett darauf zu verzichten, das ist jedoch ein anderes Thema.

Lernen Sie diese Verhaltensmuster kennen und im Verkauf für die Durchsetzung Ihrer Ziele zu nutzen. Sie werden noch mehr Erfolg im Verkauf haben.

4.1 Ich gebe Dir, Du gibst mir

In der Soziologie ist dieses Phänomen als das Prinzip der Wechselseitigkeit (Reziprozität) bekannt.
Durch unseren Sozialisierungsprozess ist dieses Prinzip tief in uns Menschen verwurzelt.

> Der Mensch ist ein reziprokes Wesen. Wir lernen von klein auf, zu geben und zu nehmen.

Es ist für die Entwicklung und Stabilität sozialer Gemeinschaften fundamental wichtig, da es gerade auch bei vielfältigen Kommunikations- und Austauschprozessen zum Tragen kommt.

Gute Verkäufer wissen, dass Sie mit kleinen Aufmerksamkeiten und Geschenken, dieses Prinzip für die eigenen Zwecke nutzen können.

Es geht hier überhaupt nicht um teure Geschenke oder Grenzfälle der Korruption.
Die meisten Firmen haben hier mittlerweile strenge Verhaltensregeln eingeführt. Es geht darum, den Kunden emotional zu verstehen, ihn anzuerkennen und ihm/ihr eine kleine Freude zu machen.

Meine Praxis-Tipps für Sie:
- Halten Sie in Ihren Notizen alles fest, was Sie über den Kunden wissen und das über Basiswissen, wie z.B. den Geburtstag hinausgeht.
- Nutzen Sie kleine Aufmerksamkeiten, die auf diesem Kundenwissen basieren, um Ihre Kunden zu überraschen. (das kann auch eine Information sein, die dem Kunden nutzt)
- Verwenden Sie kostenlose Muster; ein kostenloses Muster dient nicht nur dem Ausprobieren, sondern aktiviert auch die Reziprozität.
- Ein gemeinsames Essen aktiviert dieses Prinzip ebenfalls, dazu kommen dann noch die guten Gefühle, die ein gutes gemeinsames Essen im Gehirn Ihres Kunden auslöst.

Rein psychologisch sind Sie damit in eine **Art Vorleistung gegangen** und haben dem Kunden einen **virtuellen Schuldschein** gegeben. Diese „Schulden" werden von **95 % der Menschen irgendwann beglichen.**

Jeder, der sich an diese Regel nicht hält, wird als tendenziell sozial unverträglich angesehen.
Diese sozial unverträglichen Kunden, die jeder von Ihnen haben wird, **nehmen wir uns dann später vor.**
Sie halten sich unter anderem nicht an dieses Prinzip und sind uns deshalb auch suspekt.

4.2 Einmal Fan, immer Fan

Lapidar gesagt greift hier das Sturheitsprinzip oder netter gesagt, das Prinzip der Konsistenz im Verhalten.
Der Antrieb, konsistent zu sein, ist ein starkes Merkmal menschlichen Verhaltens.
Immer dann, wenn wir uns festlegen, uns verpflichten, einen Standpunkt einnehmen, dann gibt es eine natürliche Tendenz, sich in einer Art gleichbleibend zu verhalten, die konsistent mit der eingenommenen Position ist.

Meine Praxis-Tipps für Sie:
wenn Sie sozialen Einfluss auf Ihre Kunden nehmen wollen, dann sollte:

- von Ihren Kunden ein Commitment zur Zusammenarbeit kommen, z.B. eine Handlung, die der Kunde bis zum nächsten Besuch durchführt.
- einer Leistung (die Sie erbringen) auch immer eine Gegenleistung (des Kunden) folgen.
- eine Person, die zum Team des Kunden zählt, Sie offen unterstützen, diese Unterstützung ist oft ein wertvolles Pfand, das Ihnen im Verkaufsprozess helfen kann.

Gehen Sie niemals aus einem Gespräch mit einer einseitigen Verpflichtung Ihrerseits, sondern achten Sie darauf, dass der Kunde auch eine Verpflichtung eingehen muss.

Damit binden Sie ihn stärker an weitere Schritte der Zusammenarbeit.

Verkaufen auf Augenhöhe ist immer darauf bedacht, einseitige Gewinne oder Verluste zu vermeiden.
Langfristig sind Geschäfte nur gesund, wenn alle Verhandlungsparteien gewinnen.

Wenn Sie sich nur selber verpflichten, etwas zum Erfolg eines Projektes beizutragen, fühlen sich Kunden weniger verpflichtet, Sie später zu unterstützen.

Hat der Kunde erst einmal eine klare positive Position Ihnen gegenüber bezogen, wird es viel leichter fallen, eine langfristige Kundenbeziehung aufzubauen und den Kunden auch langfristig zu entwickeln.

Hierin liegt auch die häufige Nibelungentreue von Kunden zu Ihren Mitbewerbern begründet, die – von außen betrachtet – häufig gar nicht nachvollziehbar ist.
Es entscheidet sehr oft nicht allein die Qualität, sondern auch die Konsistenz des Verhaltens des Kunden (und des Verkäufers) und die Trägheit des Verhaltens generell.

Damit sind wir beim nächsten Verhaltensmuster angelangt, dem Trägheitsprinzip:
Warum ist es so schwer etwas Neues anzunehmen?

4.3 Was der Bauer nicht kennt, das frisst er nicht

Alle Landwirte mögen mir, ob der Nutzung dieses Sprichwortes, verzeihen. Ergründen möchte ich, warum hier – wie in den meisten Sprichwörtern – eine tiefe Wahrheit liegt.

Wenn wir uns auf eine veränderte Situation oder etwas Neues ausrichten, benötigen wir einen motivationalen Schub.
Motiviert werden wir immer, wenn wir eine Belohnung erwarten und die Ausrichtung unseres Verhaltens wird über die Ausschüttung des Botenstoffs Dopamin vermittelt.

Die eigentliche Befriedigung der Belohnung findet dann unter anderem über die Ausschüttung endogener Opioide statt, die den Bewertungs- und Belohnungskreislauf dann schließen, wenn wir ein Ziel erreicht haben.

Dumm ist für Verkäufer nur, dass es eine starke konservative Beharrungs-
tendenz bei den meisten
Menschen gibt, d.h., die
hirninternen Belohnungsme-
chanismen, sich nicht zu
verändern, sind größer als
die, einen neuen Weg zu
beschreiten.

Was können Sie in diesen
Fällen tun, um Kunden wirk-
lich zu bewegen, etwas
Neues auszuprobieren?

Meine Praxis-Tipps für Sie:
- Regen Sie den Kunden emotional an; deshalb sollten Sie in Bildern
  sprechen und mit aktivierenden Geschichten agieren.
- Malen Sie eine positive Zukunft nach dem Kauf, in Ausnahmefällen
  sind auch negative Auswirkungen zulässig, wenn der Kunde sich nicht
  entscheiden kann.
- Jeder Kunde braucht Sicherheit. Beruhigen Sie den Kunden bezüglich
  der Konsequenzen des Kaufs.
- **Wenn Sie selber Zweifel an Ihrem Angebot haben, dann sollten
  Sie diese zuerst ausräumen**, ansonsten werden Sie unbewusste Signale setzen, die den Kunden verunsichern und vom Kauf abhalten.

Optimales Vertrauen lässt sich z.B. daran messen, inwieweit für die kritische Bewertung zuständige Hirnareale sich während eines Verkaufsgespräches beruhigen.
Dazu werden wir im Kapitel „5. Der gehirngerechte Verkaufsprozess" noch
zu sprechen kommen.

4.4 Je mehr Menschen eine Idee o.k. finden, umso korrekter wird sie

Bei allen Prägungen, die wir als Menschen in einer stark individualistisch ausgerichteten Welt bekommen haben, sind wir immer noch vor allen Dingen eins:

Wir sind soziale Wesen, die sich unbewusst danach ausrichten, was die meisten anderen tun. Auch, wenn wir das bewusst nicht wahrhaben wollen.

Frage:

Sie sind in einer fremden Stadt und sind auf einem Marktplatz mit 2 Restaurants; das eine ist halbvoll, das andere ist leer. In welches Restaurant gehen Sie?

> Es ist immer sicherer mit der Masse falsch zu liegen, als alleine Recht zu haben.

Wenn Sie wie über 90 % der Menschen reagieren, dann ist es klar, was Sie tun werden.

Der soziale Beweis ist für alle im Vertrieb tätigen Menschen ein sehr wichtiges Mittel, um Kunden Sicherheit beim Kauf zu geben.

Als Verkäufer haben Sie in erster Linie die Aufgabe, das Gefühl des Kunden zu stärken, die richtige Entscheidung zu treffen. Dann kommt das Geschäft zustande und langfristige Kundenbindungen sind möglich.

Ich wette, Sie wenden soziale Beweise schon vielfältig an.
Meine Anregung: nutzen Sie dieses Phänomen bewusst und setzen Sie es systematisch ein.

Meine Praxis-Tipps für Sie:

- Entwickeln Sie Erfolgsgeschichten (von Kunden für Kunden), die Sie Kunden erzählen können, die ähnlich gelagert sind und noch nicht erfolgreich mit Ihnen arbeiten.
- **Entwickeln Sie so viele Erfolgsgeschichten wie Sie unterschiedliche Kundengruppen haben. (1-2 Erfolgsgeschichten pro Kundengruppe sind das Minimum)**
- Bieten Sie immer an, dem Kunden dabei zu helfen, ebenfalls zu diesem Erfolg zu kommen.
- Nutzen Sie wo immer es geht Referenzen.

Nutzen Sie dafür auch die im Kapitel „3.2 Sprechen Sie in Bildern" vorgeschlagenen Techniken.

4.5 Wer nicht lächeln kann, sollte kein Geschäft eröffnen

Alle Verkäufer wissen, dass hier der allererste Schlüssel zum Erfolg liegt

und diesen Grundsatz in der Interaktion zwischen Menschen beherrschen die meisten Verkäufer gut.

Über Selbstverständlichkeiten, wie eine angemessene Kleidung oder Höflichkeit im Umgang, müssen wir nicht sprechen.

Ich möchte Ihnen im Laufe der weiteren Ausführungen zeigen, wie Profis systematisch die sympathiebildenden Faktoren für ihren Verkaufserfolg nutzen.

Es geht hier natürlich um mehr, als nur Lächeln zu können. Trotzdem möchte ich hier auf das Thema des Lächelns noch einmal explizit eingehen und Sie bitten, sich in diesem Aspekt ständig zu überprüfen.
Achten Sie auf Ihre Mimik und üben Sie mit einer vertrauten Person, ein korrektes Lächeln ein.

Dieses sogenannte Duchenne-Lächeln, das nach einem französischen Neurologen des 19. Jahrhunderts benannt ist, zeichnet sich dadurch aus, dass die Augen mitlachen.

Menschen erkennen ein falsches Lachen unmittelbar. (Sie wissen sofort, wer in diesen beiden Bildern falsch lacht)

Interessierten Lesern empfehle ich hier das Buch des amerikanischen Psychologen Paul Ekman: „Gefühle lesen: Wie Sie Emotionen erkennen und richtig interpretieren".

Übrigens: es gibt einen schönen Nebeneffekt.
Wenn Sie lächeln, wird automatisch Ihre Stimmung besser.
Wir haben also eine Wechselwirkung von unserer inneren Verfassung auf unser äußeres Erscheinungsbild und auch umgekehrt wird Ihr inneres Befinden durch Ihre Mimik besser.

Zu Beginn des Gespräches sollten Verkäufern eine offene und gelöste Atmosphäre schaffen, und dem Kunden helfen, indem persönliche Informationen und Signale aus dem eigenen beruflichen bzw. persönlichen Bereich gegeben werden.

Meine Praxis-Tipps für Sie:
- Wir mögen Menschen, die uns ähnlich sind. Finden Sie deshalb so viele Ähnlichkeiten, wie möglich.
- Geben Sie zuerst etwas von sich preis, das schafft Vertrauen und Sie lösen das Reziprozitätsprinzip aus.
- Machen Sie dem Kunden auch Komplimente, z.B. für die schöne Einrichtung des Büros oder der Geschäftsräume.
- **Stellen Sie so viele Gemeinsamkeiten wie möglich mit Ihrem Kunden her.**
- Achten Sie auf Dinge im Umfeld des Kunden, die Ihnen Hinweise auf Hobbies oder spezielle Interessen geben und halten Sie diese Dinge schriftlich fest.
- Nutzen Sie diese Erkenntnisse für Ihre weiteren Gespräche mit dem Kunden
- Fragen Sie, wenn Sie weitergehende Informationen haben wollen.
- Achten Sie darüber hinaus unbedingt darauf, am Anfang eines Gespräches den Redeanteil des Kunden hoch zu halten.

Siehe dazu auch das Kapitel „6.4 Hirngerecht Fragen, um herauszufinden, wie Ihr Kunde tickt."

Sympathieaufbau ist eine selbstverständliche, generische Aufgabe, die, wenn Sie nicht aufgebaut wird, einen Verkaufsprozess immer belastet.
Es gilt auch hier den Aufbau von Sympathie – bei den verschiedensten Kundenpersönlichkeiten – systematisch, d.h., bei jedem Kunden zu betreiben, auch bei denen, die Ihnen weniger liegen.

4.6 Abseits ist, wenn der Schiedsrichter pfeift

Diese lapidare Aussage stammt von Franz Beckenbauer.

Es geht hier in erster Linie um Autorität und Kompetenz.

Autorität ist ein auf Tradition, Macht, Können beruhender Einfluss und einem entsprechend dadurch erworbenen Ansehen.

> Nichts ist im Menschen, auch dem scheinbar „aufgeklärtesten", fester verwurzelt als der Glaube an irgendwelche Autoritäten.
> Egon Friedell

Durch Autorität von Personen und Institutionen werden Menschen in Ihrem Handeln in der Regel ganz automatisch beeinflusst und folgen der Autorität oft „blind".

Beim Schiedsrichter handelt es sich um eine Autoritätsperson, die Ihre Macht per Position vom DFB zugewiesen bekommen hat.
Im Verkauf müssen Sie sich Ihre eigene Autorität zuerst erarbeiten.

Dafür können Sie eine ganze Menge selber tun, im Grunde genommen sind Sie dafür ganz allein verantwortlich. Eins ist auf jeden Fall bewiesen: jeder Kunde honoriert ein hohes Maß an Autorität und weist Ihnen Kompetenz zu.

Der Hauptgrund dafür ist, dass Kunden durch Autorität und Kompetenz mehr Sicherheit bekommen und der Argumentation des Verkäufers und dem roten Faden im Gespräch mit weniger Widerstand folgen.
Sie legen damit eine wesentliche Voraussetzung für ein erfolgreiches Verkaufsgespräch.

Meine Praxis-Tipps für Sie:

- Halten Sie mit Titeln und z. B. einer besonderen Ausbildung nicht hinter dem Berg, oft sind wir zu bescheiden, um diese zu nutzen, sie stärken jedoch Ihre Autorität enorm.
- Nutzen Sie bei Kunden, die sich für besonders wichtig halten, Ihre firmeninterne Hierarchie als Autoritäts-Booster; nehmen Sie Ihren Chef oder Ihren Geschäftsführer bei statusbewussten Kunden mit zum Gespräch.
- Unterstreichen Sie alles, was Ihre Firma oder Sie selbst zu einem kompetenten Partner macht, oft erzählen wir auch hier viel zu wenig, weil wir Wissen unseres Kunden fälschlicherweise voraussetzen.
- Machen Sie dazu ein persönliches Brainstorming und **erfassen Sie alle Alleinstellungsmerkmale (USP=Unique Selling Proposition), die Sie als Person haben und die Ihre Firma hat.** (Nutzen Sie diese USPs als persönlichen Verstärker Ihres Selbstvertrauens und lernen Sie, diese geschickt ins Gespräch einzuflechten)
- Auch hier helfen Ihnen Erfolgsgeschichten von Kunden ungemein, bei denen Sie Ihre Kompetenz und Ihre Autorität unter Beweis gestellt haben.

Generell korrelieren Autorität und wahrgenommene Kompetenz in einem sehr hohen Maße miteinander.

> Tue Gutes und sprich drüber!

Wir nutzen die Hervorhebung eigener Autorität und Kompetenz im Sinne von Eigenwerbung viel zu wenig, weil uns gelehrt wurde, Bescheidenheit sei eine Tugend.
Zu bescheidene Menschen setzen sich im Leben und im Verkauf vergleichsweise schlecht durch. Im Verkauf kostet Sie das Umsatz.

Im Übrigen hat das Zeigen von Autorität und Kompetenz überhaupt nichts mit Arroganz zu tun. Ich habe noch keinen erfolgreichen Verkäufer kennen gelernt, der arrogant war; ihre Kompetenz und ihre Qualifikationen waren den Kunden jedoch immer bekannt.

4.7 Was nicht zu haben ist, ist besonders attraktiv

Nie war Alkohol begehrter als zu Zeiten der Prohibition im Amerika der 30er Jahre des vorigen Jahrhunderts.

Es gibt unzählige Belege in der Geschichte der Menschheit dafür, dass Verbote und die damit verbundene Knappheit, einen Gegenstand erst attraktiv machen.

> Knappheit steigert automatisch die Qualität und damit die Begehrlichkeit.

Sie steigern die Begehrlichkeit für Ihr Angebot, in dem Sie es verknappen, limitieren oder die Bedingungen des Kaufes unter besondere Bedingungen stellen.

Oder glauben Sie wirklich, dass Mon Cheri nicht auch im Sommer angeboten werden könnte, wenn man es wollte. Ein Produkt mehr oder weniger in der Kühlkette, darauf käme es wohl nicht an.

Meine Praxis-Tipps für Sie:
- Bieten Sie Aktionen an, die zeitlich begrenzt sind und bei denen die Kunden besondere Vorteile genießen.
- **Seien Sie konsequent bei der Einhaltung dieser Sondervorteile; wenn der Zeitraum abgelaufen ist, sollte die Aktion auch wirklich enden.**
- Nutzen Sie die Aktionen konsequent und „erziehen" Sie Ihre Kunden und richten Sie das Verhalten der Kunden konsequent auf die Aktionen aus.

Besonders erfolgreiche Verkäufer haben immer den Mut, diese Knappheit auch in Ihren Verkaufsgesprächen jederzeit deutlich zu machen.
Hier kommt es jedoch immer auf die richtige Art und Weise der Kommunikation an. Schlecht gemacht, kann dies auch nach hinten losgehen.

Haben Sie sich genügend um den Aufbau von Vertrauen in den Phasen des Verkaufsgespräches bemüht, so werden Sie feststellen, dass dieses Verknappen von Kunden problemlos akzeptiert wird und nicht zu Reaktanz führt.

Über die richtigen Techniken und Vorgehensweisen werden wir in den folgenden Kapiteln noch sprechen.

4.8 Die Qualität eines Bildes hängt vom Rahmen ab

Bei Framing werden Themen bewusst hervorgehoben und in einem besonderen Kontext herausgestellt. Beim Priming wird das menschliche Gehirn einem ersten Reiz (Prime) ausgesetzt, der dann im weiteren Zeitablauf die Reaktion auf nachfolgende Reize deutlich beeinflusst.

Wenn Menschen z.B. in einem Test mit vielen Begriffen konfrontiert werden, die das Thema „Altern" zum Ausdruck bringen, so gehen die Testanten danach deutlich langsamer und gebeugter aus dem Raum als Testanten, die mit neutralen Begriffen konfrontiert wurden.

Ein Begriff kann also das nachfolgende „unbewusste" Verhalten deutlich beeinflussen. Es gibt dazu eine ganze Reihe interessanter sozialpsychologischer Experimente. Interessierten Lesern empfehle dazu eine eigene Internet-Recherche.

Im Verkauf haben Sie vielfältige Möglichkeiten, um in den Phasen eines Verkaufsgespräches eine Rahmenhandlung zu entwickeln und durch ein zeitlich perfekt eingesetztes Priming, den Erfolg Ihrer Präsentation deutlich zu verbessern.
In diesem Buch haben wir immer wieder über den Einsatz von Erfolgsgeschichten von Kunden für Kunden gesprochen.

Meine Praxis-Tipps für Sie:

- Entwickeln Sie eine konsequente Rahmenhandlung innerhalb Ihres Verkaufsgespräches, in dem Sie Geschichten entwickeln die als Framing dienen.
- Erzählen Sie diese positiven Erfolgsgeschichten **bevor Sie Ihre eigentliche Angebotspräsentation beginnen** (der Kunden öffnet sich durch positive Geschichten automatisch stärker und hört Ihnen sehr viel besser zu)
- **Vermeiden Sie unbedingt, zu früh über den Preis zu sprechen (Preise und Kosten aktivieren bei Menschen negative Emotionsbereiche im Hirn, zu früh und ohne entsprechende Nutzenargumentation ist dies ein negatives Priming)**
- Haben Sie selber Zweifel, so senden Sie automatisch Botschaften, die wie ein negatives Priming wirken können; räumen Sie Zweifel oder Unsicherheiten über Ihr Angebot unbedingt vorher aus.

Erfolgreiche Verkaufsgespräche haben immer - wie ein gutes Drehbuch eines Films – einen geplanten Ablauf.

Mit perfekt eingesetzten bildhaften Erfolgsgeschichten öffnen Sie die Kunden nicht nur emotional, sondern Sie stellen auch ein höheres Maß an Vertrauen sicher.

> Jeder Blick auf Dinge, mit denen wir positive Assoziationen verbinden, schafft positive Gefühle und das lässt uns positiver handeln.

Wir werden noch sehen, wie das Gehirn Ihrer Kunden auf diese Art des Verkaufens reagiert.

Im nächsten Kapitel finden Sie dazu eine Fülle von Beispielen.

5. Der gehirngerechte Verkaufsprozess

Im Folgenden werden wir uns damit befassen, wie der der Verkaufsprozess für Verkäufer und Kunde gestaltet sein sollte, damit der maximale Erfolg für beide Parteien realisiert wird. Professionelles Verkaufen ist immer ein Gewinner/Gewinner-Spiel.

Die Zentrierung aller Vertriebsmaßnahmen um den Kunden herum ist in aller Munde.
Zum Stichwort „Customer Centricity" finden Sie bei Google ca. 6 Millionen Ergebnisse.

Aus meiner Sicht ist die gehirngerechte Vertriebspraxis und das entsprechende Bewusstsein dazu im Verkaufsprozess eine der wesentlichen Säulen, um den Kunden in den Mittelpunkt zu stellen. Im Mittelpunkt steht das Gehirn als oberste Entscheidungsinstanz des Kunden. Darauf gilt es, sich als Verkäufer einzustellen.

Der eigentliche Verkaufsprozess wird von einer Vorbereitungs- und Nachbereitungsphase eingerahmt.
Insbesondere die Vorbereitung des Gespräches macht nach Meinung vieler Verkaufsprofis mindestens 50 % des Erfolges eines Verkäufers aus.

Eine professionelle Nachbereitung wird darüber hinaus von den meisten Profis - besonders für eine Kundenentwicklung - als wesentlicher Erfolgsfaktor betrachtet.

Wir werden uns in den folgenden Abschnitten mit dem Verkaufsprozess auseinandersetzen:
Hierzu gehören die Vorbereitung, die einzelnen Phasen des Verkaufsgespräches und die Nachbereitung.

Die Vor- und Nachbereitung wird– nach meiner Erfahrung aus dutzenden von Projekten – von vielen Verkäufern in Ihrer Bedeutung erheblich unterschätzt und deshalb auch stiefmütterlich angewendet.

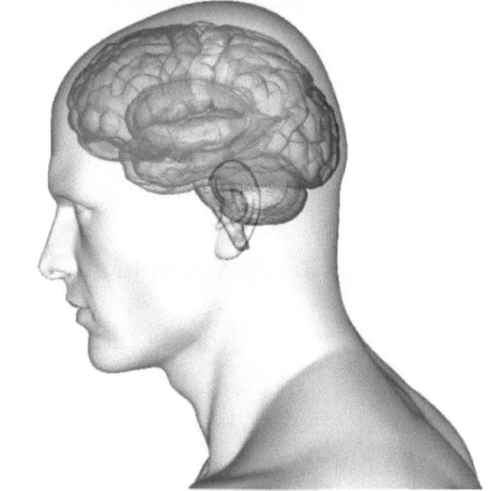

Zwischen der Vorbereitung und der Nachbereitung des Gespräches liegt die Phase des eigentlichen Verkaufsgespräches.

Wir nehmen hier die Lupe der Hirnforschung zur Hand.

Wir schauen uns genau an, was im Gehirn eines Kunden passiert, wenn in den Phasen ein kundengerechter Verkauf zustande kommt, bei dem der Kunde sich und seine Bedürfnisse wiederfindet - und vom Verkäufer bis zum Abschluss - mit einer zielführenden und menschengerechten, weil hirngerechten Gesprächsführung begleitet wird. Weiterhin schauen wir uns an, was wir in Bezug auf Kundenbindung lernen können.

Viele Kunden leiden in der westlichen Überflussgesellschaft an einem hohen Maß an Informationsüberflutung und nehmen die hohe Auswahl an Wahlmöglichkeiten, die wir heute haben, tendenziell als Qual war.

Wer dem Kunden hilft, vertrauensvoll durch dieses Dickicht zu navigieren, wird langfristigen Erfolg im Verkauf gar nicht verhindern können.
Die richtige Hilfestellung - und die richtige Problemlösung (ein relevanter Nutzen) zur richtigen Zeit - wird sich auch immer im Sinne einer langfristigen Kundenbindung auszahlen.

5.1 Vorbereitung des Gespräches

Wenn ca. 50 % des Erfolges von einer guten Vorbereitung abhängt, dann stellt sich die Frage, welche Punkte gehören zu einer guten Vorbereitung und wie gestalte ich diese Punkte inhaltlich, um optimal vorbereitet zu sein?
Verkäuferinnen sind im Tagesgeschäft in der Regel auf sich allein gestellt. Deshalb sind alle Maßnahmen, die uns helfen, sichere und bewährte Abläufe in die Arbeit zu integrieren, nicht nur leistungsfördernd, sondern auch langfristig als Stresspuffer von entscheidender Bedeutung.

Wir sehen uns an, was eine professionelle Zielsetzung dazu beiträgt, wie Sie mentale Stärke in den Prozess einbringen und worauf Sie achten können, damit Sie nicht in eine negative Denkspirale hineingeraten.

5.1.1 Ziele setzen

Die Managementwissenschaften haben in vielen Untersuchungen festgestellt:

Wer sich selber persönliche und berufliche Ziele setzt, ist auf Dauer wesentlich erfolgreicher als Personen, die nur gesetzten Zielen der Unternehmung folgen.

Außerdem handeln Personen, die sich Ziele setzen, mit einem hohen Maß an Eigenverantwortung. Hirnforscher und Arbeitspsychologen stellten darüber hinaus fest, dass richtig formulierte und gesetzte Ziele dazu beitragen, dass der Ausstoß von Dopamin gefördert wird. (Dopamin aktiviert uns und richtet uns auf das Ziel aus)

Wie müssen Ziele denn nun beschaffen sein, damit Sie auch ein entsprechendes Verhalten auslösen?

Sie alle kennen diese Art der Klassifizierung von Zielen.
Ziele sollten SMART sein:

S	spezifisch
M	messbar
A	ambitioniert
R	realistisch
T	terminbezogen

Ich lade Sie ein, dies für die wichtigsten Ziele in Ihrem Verkaufsbereich konsequent zu machen.
Machen Sie Ihre Ziele spezifisch, messbar, ambitioniert und auch realistisch, sowie auf jeden Fall terminbezogen, nur dann wirken Sie auslösend.

<u>Ein Beispiel für ein qualitatives Ziel für Sie:</u>
Im Apothekenaußendienst finden noch zu viele Gespräche am HV-Tisch statt. (die Verkaufstheke heißt in der Apotheke so)

Die Nachteile sind vielfältig:
Der Gesprächspartner (oft die Apothekerin) ist nicht konzentriert, da Sie permanent auf Ihre Kunden achtet und häufig vom Personal konsultiert wird.

Darüber hinaus sind Gespräche über Rabatte, Kunden und Vermarktungsaspekte in der Apotheke in der Präsenz von Kunden zumindest ungeschickt. Trotzdem ist dies in Apotheken gängige Praxis.

Eine Mitarbeiterin kam in nur 10 % der Fälle in das Büro der Apothekerin oder des einkaufenden Personals, mit den obigen Nachteilen.

Sie setzte sich das Ziel, auf einen Anteil von 40 % zu kommen.
Wie formulieren wir nun ein solches Ziel?

<u>**Beispiel:**</u>
Bis Ende 2020 (terminbezogen) bin ich in 40 % meiner Apotheken **(messbar, ambitioniert, jedoch auch realistisch)** für meine Verkaufspräsentation in das Büro des Apothekers gekommen. **(spezifisch: genau beschrieben)**
Ich werde dazu **in jeder Apotheke fragen**, ob wir uns ins Büro setzen können, mit den entsprechenden Argumenten (z.B. Diskretion bezüglich der Konditionen), damit der Apotheker mir folgt. **(positiv formuliert, und auslösend wirkend)**
Dieser zweite Satz ist - neben dem formulierten Ziel - besonders wichtig. Es handelt sich hierbei um eine **Ausführungsintention**, die sicherstellt, dass Sie es auch **wirklich vor jedem Gespräch** tun.

<u>**Meine Praxistipps für Sie:**</u>
Gehen Sie niemals in ein Gespräch, ohne dass Sie Klarheit über die folgenden Fragen haben:

- **Was ist mein mittelfristiges Ziel beim Kunden? (Wohin habe ich den Kunden in 18 Monaten entwickelt?)**
- Kann ich das mittelfristige Ziel SMART beschreiben?
- Warum soll der Kunde mich heute empfangen? Ist die geschäftliche Relevanz meines Besuches glasklar?
- **Was ist mein exaktes Ziel für das heutige Gespräch?** (Was soll das heutige Gespräch zu meinem mittelfristigen Ziel beitragen?)
- Kann ich das kurzfristige Ziel SMART beschreiben?
- Welche Informationen über den Kunden fehlen mir noch?

Erstellen Sie für Ihre wichtigen Kunden eine Matrix, in die Sie die wichtigsten Personen eintragen, mit denen Sie im Einkaufsprozess zu tun haben.

Stakeholder (einkaufsrelevante Beeinflusser) im Verkaufsprozess

Ökonomische Beeinflusser Haben die Budget-Hoheit	**Betroffene Beeinflusser (Nutzer)** Nutzen das Produkt oder sind unmittelbar davon betroffen.
Technische Beeinflusser Beurteilen die technischen Aspekte des Angebotes (messbar, quantifizierbar)	**Coaches** Führen durch den Prozess, geben wichtige Informationen.

Im Handel sind hier ebenso diejenigen Stakeholder (Betroffene Beeinflusser: wer wird in Ihrem Geschäft davon in seiner Tätigkeit beeinflusst?) zu beachten, die Ihre Produkte in den Outlets am Ende verkaufen, also wichtige Mittler zum Konsumenten sind.

- Wer ist neben dem ökonomischen Beeinflusser eine Person, die für einen Geschäftsabschluss wichtig ist?
- Wer ist vom Geschäft betroffen und kann davon profitieren oder kann ggf. Widerstand leisten.
- Gibt es Leute, die aus dem Hintergrund noch eine Rolle spielen können?
- Gibt es einen Freund in der Unternehmung, der Sie „coachen" kann, d.h. Ihnen wichtige Tipps geben kann, um das Geschäft voranzutreiben.

Sammeln Sie diese Informationen systematisch und füllen Sie bei jedem Besuch Lücken auf, wo immer Sie diese noch haben sollten.

In diesem Zusammenhang kann ich Ihnen nur empfehlen, das persönliche Verhältnis zu den Stakeholdern immer wieder zu überprüfen und dort, wo Sie mit sehr wichtigen Personen noch Schwierigkeiten haben, „warm" zu werden, sich genau zu überlegen, wie Sie herausfinden können, was diesen Kunden persönlich bewegt und was ihnen wichtig ist.

Siehe hierzu auch das Kapitel „6.4 Hirngerecht Fragen, um herauszufinden, wie der Kunde tickt".

5.1.2 Wie Sie Ihre mentale Haltung optimieren

Hier kommen wir zu einer ganz entscheidenden Parallele zwischen erfolgreichen Verkäufern und Leistungsportlern, die keinesfalls hinkt. Ich habe häufig erlebt, dass Top-Verkäufer mentale Vorbereitungsrituale systematisch nutzen.

Mentales Training ist einer der wesentlichen Erfolgsfaktoren im Leistungssport.
Der deutsche Tennisheld Boris Becker galt zu seiner Zeit als mental besonders stark und stellte damit auch talentiertere Spieler – wie z. B. Michael Stich – in den Schatten.
Seine Willenskraft und sein Siegeswille stammte unter anderem auch aus intensiven Visualisierungsübungen, bei denen Selbstzweifel als Sünde gegen sich selbst betrachtet werden

Es geht darum, **das Gehirn des Verkäufers (also Ihr eigenes)** auf die bevorstehende Aufgabe vorzubereiten.
Und dies in einer reinen Trockenübung, die Sie zu Hause auf dem Sofa oder im Auto vor dem Gespräch durchführen können.

Die Vorbereitung von Verkaufssituationen wird durch ständige Übung zur Reife gebracht.
Simulieren Sie die reale Situation so oft wie möglich.

> Talent alleine reicht für Spitzenleistungen nicht aus:
> Ein harter Arbeiter bringt es weiter als ein schlampiges Genie.

Wir brauchen zwischen 20 und bis weit über 200 Impulse, um ein neues Verhalten fest in unser Repertoire aufzunehmen.
Spitzenleistungen in vielen Bereichen von Sport und Kunst sind gut untersucht und haben immer das gleiche Erfolgsmuster.

Der Schlüssel zum Erfolg: Üben, Üben, Üben.
Üben Sie so oft wie möglich (real und mental)

Machen Sie eine Generalprobe vor schwierigen Verhandlungen und üben Sie die Gesprächsabläufe so lange ein, bis Sie automatisch – auch in schwierigen Situationen - auf das passende Gesprächskonzept zurückgreifen können.

Meine Praxistipps für Sie:
- Simulieren Sie Ihre Verkaufsgespräche so oft wie möglich mit einem Partner. (Auch auf Konferenzen, bei denen Sie z.B. neue Produkte vorgestellt bekommen)
- Stellen Sie sich das Verkaufsgespräch in einem ruhigen Umfeld - mit geschlossenen Augen - vor und gehen Sie den eingeübten Ablauf vor dem geistigen Auge durch.
- Stellen Sie sich unbedingt den erfolgreichen Abschluss so vor, wie Sie es in der Zielsetzung skizziert haben.
- Üben Sie mehrfach den gewünschten Gesprächsablauf in einem richtigen Gespräch mit einem Kunden, der Ihnen wohl gesonnen ist.

Wenn diese Gespräche „sitzen", erst dann empfehle ich auch an Gespräche zu gehen, bei denen Sie es mit problematischen Kunden zu tun haben.

Verkaufs- und Vertriebsleiter haben auf jeder regionalen Konferenz die Möglichkeit, eine Art Trainingslabor einzurichten, bei dem Gespräche eingeübt werden können.

Achtung: negative Selbstkonditionierung und Jammerzirkel

Negative Selbstgespräche – wie z.B., das Angebot ist viel zu schlecht, das kauft der Kunde nie – müssen Sie unbedingt vermeiden.

Wenn Sie selber nicht an Ihr Angebot glauben, strahlen Sie es mit jeder Pore Ihres Körpers aus. Wie soll dann der Kunde an Sie und Ihr Angebot glauben. Angst und Zweifel sind das Letzte, was Sie brauchen.

Sie brauchen Zuversicht.

Vermeiden Sie unbedingt, sich an Jammerzirkeln gewisser Kollegen zu beteiligen. Sie verlieren dadurch nur Energie und sind am Ende einfach schlechter drauf.

Negative Dialoge führen zu innerlichem Stress und setzen eine Kaskade des Misserfolgs frei. Es werden Adrenalin und Noradrenalin freigesetzt, die hauptsächlich die kurzzeitige Stressreaktion auslösen und den Organismus auf Flucht oder Kampf ausrichten, somit auch die **normalen kognitiv rationalen Funktionen stören.**

Einfach ausgedrückt: Ihr roter Faden im Gespräch geht mit hoher Wahrscheinlichkeit verloren, es besteht die Gefahr, dass Sie zum Spielball des Kunden werden.

Hält der Stress an, führt die langfristige Stressachse (vermittelt über Cortisol) sogar dazu, dass unser Gedächtnis und unsere Handlungen beeinträchtigt werden.

Deshalb brauchen wir eine positive Grundausrichtung. Im Hirn wird dies vermittelt über den Botenstoff Dopamin, der uns optimistisch antreibt und auf unsere Handlungen ausrichtet.

Mein Praxistipp für Sie:
Wie bereits weiter oben empfohlen, machen Sie dazu ein persönliches Brainstorming und erfassen Sie alle **Alleinstellungs- merkmale (USP=Unique Selling Proposition),** die Sie als Person haben und/oder die Ihre Firma aus- zeichnen.

Ihre einzigartige Stärke deutlich machen:
- Was zeichnet Sie persönlich besonders aus, was können Sie beson- ders gut (besser als andere)?
- Was ist das Besondere an der Firma, die Sie vertreten?
- Was ist das Besondere an Ihrem Angebot?

Formulieren Sie daraus ein oder mehrere positive Statements.
Nutzen Sie die persönlichen USPs als Verstärker Ihres Selbstvertrauens, in dem Sie sich immer wieder Ihre besonderen Stärken bewusstmachen.
Nutzen Sie Ihren Firmen-USP, um Ihre Stärke und die vorhandene Einzig- artigkeit als Firma deutlich zu machen **und lernen Sie diese geschickt in Ihr Gespräch einzuflechten.**

Beispiele für persönliche USPs:
Beispiel 1: Meine Empathie, gepaart mit Diplomatie, Humor und Spaß am Verkaufen. Und mein Biss. **Ich bin charmant penetrant. (Aussage einer Teilnehmerin eines Trainings)**

Beispiel 2: Ich kann Menschen gut erkennen und verstehen und sie dadurch genau einschätzen. Ich bin zielstrebig und fleißig. Meine Kunden haben Vertrauen zu mir.

Beispiele für Firmen-USPs:

Beispiel 1: Über 50 Jahre Erfahrung im Kosmetikbereich, hochwirksame Produkte, die besten Labore und die neusten Forschungsergebnisse, sowie unsere Schnelligkeit im Markt. (Setzen von und reagieren auf Trends)

Beispiel 2: wir sind der weltweit führende Experte im Bereich der Klebetechnik für hochwertige Materialien unterschiedlicher Art. In Ihrer Umgebung (im Haushalt, im Auto, überall, wo z.B. Kunststoff mit anderen Komponenten, wie z.B. Stahl kombiniert wird, sind wir in 80 % der Fälle beteiligt) Wir sind Mittelstand und können durch unsere nationalen Lieferketten sicherstellen, dass es keine Lieferengpässe geben wird.

Was passiert denn nun im Gehirn während eines Verkaufsgespräches?

5.2 Hirngerecht Verkaufen (was passiert im Gehirn?)

Eine skandinavische Forschergruppe wollte wissen, was in den Gehirnen von Kunden geschieht, die sich in einem Verkaufsgespräch befinden.

Siehe dazu:
Suomala J. et al.: Neuromarketing: Understanding customers' subconscious responses to marketing. Technology Innovation Management Review, 2012, pp 12-21

Dafür produzierten Sie einen Film, in dem sich die Testperson mit dem virtuellen Kunden des Films identifizieren sollte.

Diesen Film sahen nun verschiedene Probanden, während Sie in einem Magnetresonanztomographen lagen.

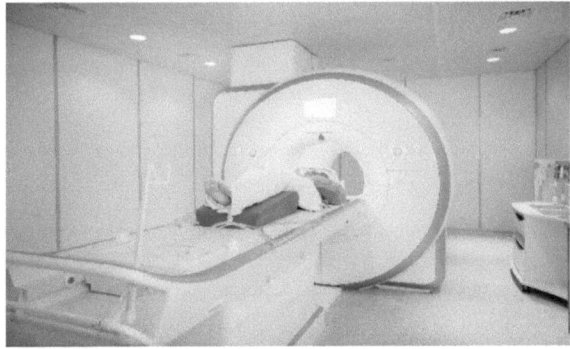

Während die Testpersonen in die Rolle der Kunden schlüpften und auf dem Bildschirm einen Verkauf erlebten, beobachteten die Neurologen, dass in verschiedenen Phasen des Verkaufsgesprächs verschiedene Hirnareale der Probanden aktiv wurden.

Interessant ist nun, was in den verschiedenen Phasen eines Verkaufsgespräches im Hirn des Kunden passierte und welche Aussagen über ein gut geführtes Verkaufsgespräch danach zulässig sind.

Die folgenden Phasen wurden untersucht:

- Kontakt/Aufmerksamkeit
- Analyse
- Angebot
- Prüfung und Abschluss
- was führt zu nachhaltigen Kundenbeziehungen?

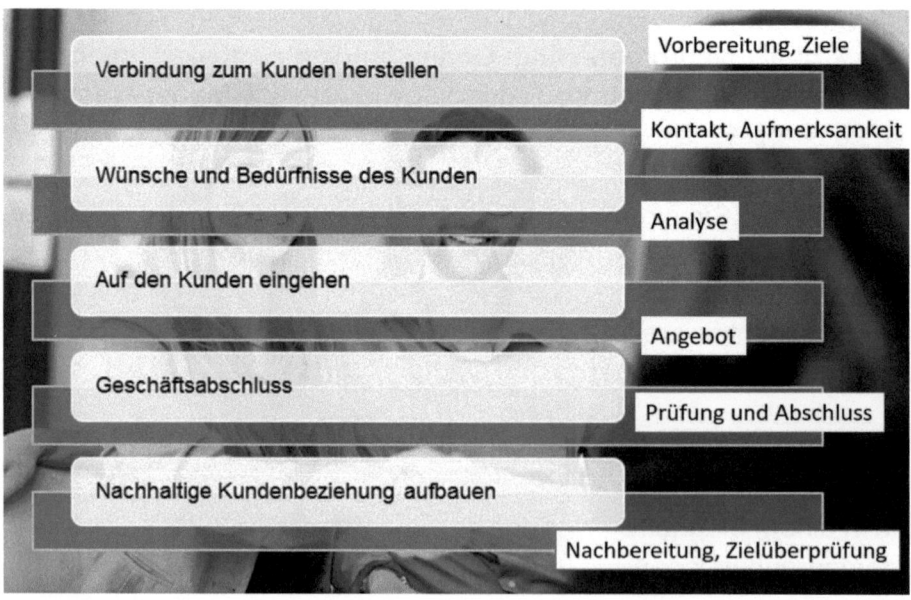

Die entsprechende Hirnaktivität der Probanden lässt Rückschlüsse auf die Effektivität des Verkaufsgespräches zu.

Die verschiedenen Phasen, die untersucht wurden, sind oben noch einmal visualisiert.

Vor- und Nachbereitung umschließen den Verkaufsprozess, sind hier jedoch nicht Gegenstand der Betrachtung.

Was passiert den nun im Gehirn des Kunden?

Was haben die Forscher mit den bildgebenden Verfahren herausgefunden?

Ein wenig Hirnanatomie und die Erklärung der Funktion der einzelnen Hirnbereiche kann ich Ihnen hier leider nicht ersparen.

In allen Verkaufsphasen war der dorsolaterale präfrontale Cortex der Testpersonen aktiv. Diese Bereiche liegen links und rechts im vorderen, oberen Teil der Großhirnrinde und sind an der Regulierung, Planung und Organisation geistiger Funktionen und an Prozessen des Arbeitsgedächtnisses beteiligt.

Wenn wir Menschen etwas kaufen, sind wir also wach und auf der Hut. Das Arbeitsgedächtnis wird aktiviert und stellt sich darauf ein, aufpassen oder ggf. sogar rechnen zu müssen.

Insgesamt also eine Aktivität, die dem Hirn nicht schmeckt, weil es Energie kostet. **Der Kunde stellt sich darauf ein, dass es anstrengend werden könnte.**

Dazu kommt jedoch auch noch ein anderer Aspekt.

Eine besonders wichtige Entdeckung war die dauerhafte Aktivität der beiden inferioren frontalen Gyri, die von oben direkt an die Schläfenlappen angrenzen. **So wie die Amygdala als Angstdetektor fungiert, so arbeiten diese Gyri als Sicherheitsdetektoren.**

Das bedeutet, dass neben der Gesamtaktivierung der kognitiv rationalen Aspekte des Hirns auch Bereiche aktiv sind, die mit Vorsicht und unter Umständen sogar Angst zu tun haben.

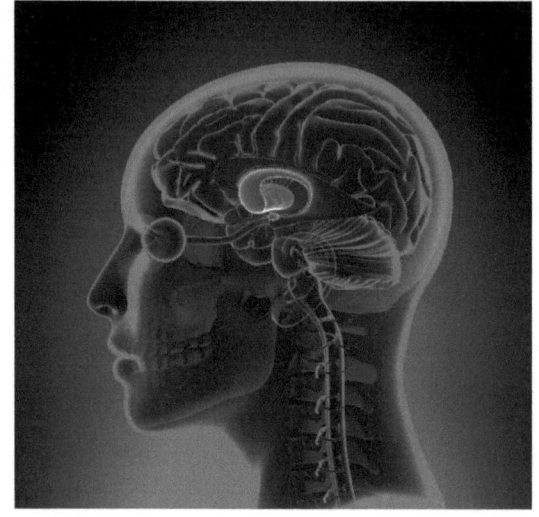

Die Kunden fahren „Sensoren" aus und prüfen, ob alles mit rechten Dingen zugeht.

Auch die beiden Hippocampi, die als **Organisatoren unseres Gedächtnisses** arbeiten, weisen Aktivitätsveränderungen auf.

Geht der **Verkäufer intensiv auf die Wünsche des Kunden** ein, so lässt die Aktivität der Hippocampi nach, und es tritt ein **Beruhigungseffekt** ein. **Ein aktives Gedächtnis bedeutet Kontrolle, und eine Reduktion der Kontrolle bedeutet Vertrauen.**
Herrscht einmal eine hohe Vertrauensbasis, so werden die Schutzfunktionen sehr schnell beruhigt.

Zusammenfassend finden Sie bei Ihren Kunden während des Verkaufsprozesses die folgende Konstellation vor:
Stellen Sie sich vor, der Kunde verbirgt sich hinter einem mentalen Schutzzaun.

Bei Ihren Kunden sind folgende Hirnbereiche und Funktionen aktiv, die entscheiden, ob der Kunde hinter dem Zaun hervorkommt und sich locker und offen gibt:

- das **Arbeitsgedächtnis**, alle **rational-kognitiven** Funktionen werden aktiviert.
- **Sicherheits**detektoren- und **Angstspeicher** im Hirn werden zu Rate gezogen.
- ebenso die **Hippocampi** (als Gedächtnisorganisatoren)

Hier kommt die gute Verkäuferin ins Spiel und bringt für den Kunden (und dessen Gehirn) eine schnelle Entlastung. Das ist das Handwerk und die Kunst und des erfolgreichen und schnellen Vertrauensgewinns.

Es geht darum, den Kunden dazu zu bewegen, freiwillig hinter seinem Zaun vorzukommen. Der Kunde kommt zum Vorschein, wenn Sie in jeder Phase kundenzentriert arbeiten.

Was macht denn nun ein **gutes, kundenzentriertes Verkaufsgespräch** aus, das diese Ausgangskonstellation im Gehirn des Kunden berücksichtigt und zu nutzen weiß?

Vorab möchte ich Ihnen noch kurz darstellen, welche Vorgehensweise Verkaufsprofis bevorzugen. Wir werden im weiteren Verlauf sehen, warum ich dies als hirngerechtes Verkaufen bezeichne.

5.2.1 Exkurs: Traditionelles und hirngerechtes Verkaufen

Traditionelles Verkaufen:

Bei Coachings von Vertriebsmitarbeitern fällt mir immer wieder auf, dass in sehr vielen Fällen das eigene Angebot von Anfang an stark im Fokus steht und von Beginn an der Verkäufer „auf Sendung ist" und die Präsentation sehr stark dominiert.

Grundsätzlich ist es ja auch die Aufgabe eines Repräsentanten das Produkt oder die Dienstleistung in den Vordergrund zu stellen. Wenn es jedoch dazu führt, dass der Kunde mit Informationen überschüttet wird und sich überfahren fühlt, dann geht die Kommunikation in die falsche Richtung. **Kundenhirne wollen beteiligt werden, nur dann entsteht schnell das Gefühl: bei diesem Verkäufer bin ich richtig!**

In der folgenden Übersicht sehen Sie eine grafische Darstellung des traditionellen Verkaufsprozesses.

Die Größe der Kreise dokumentiert den Zeiteinsatz im Verkaufsgespräch.

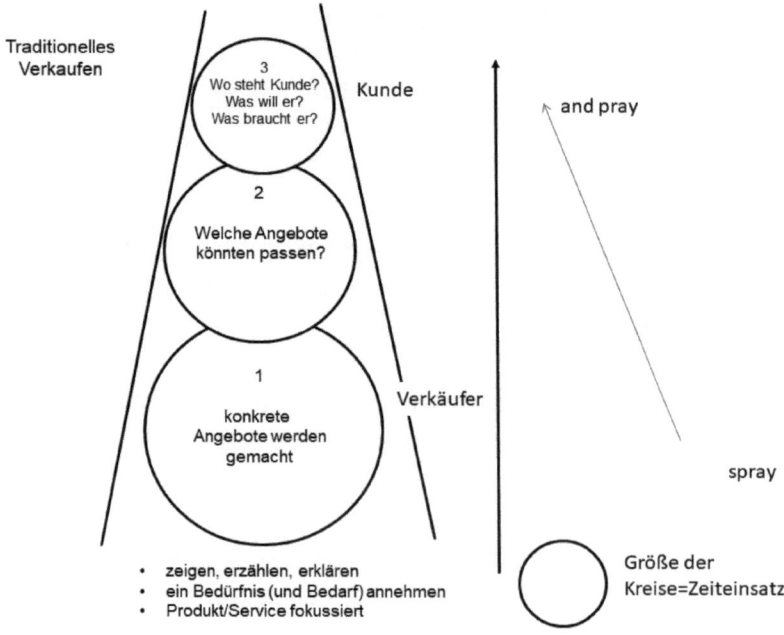

Beim traditionellen Verkaufen wird grundsätzlich davon ausgegangen, dass ein Bedarf vorhanden ist.

Es wird von Anfang an das Produkt in den Vordergrund gerückt, man glaubt, dass es überall passt, man zeigt und erzählt sehr viel, immer mit einer starken Produkt- oder Serviceorientierung.

> Fachidiot schwätzt Kunden tot.

Erst im weiteren Verlauf wird selektiert und geprüft, ob die Angebote passen könnten.
Und erst ganz zum Schluss wird dann herausgefunden, wo der Kunde eigentlich steht, was er will, wie der Kunde tickt. Kurz, was sein emotionales und kognitives Konzept in Bezug auf das Angebot ist.

Die Kunden sind bei dieser Vorgehensweise viel weniger am Verkauf beteiligt als nötig.
Die Schutzfunktionen (der Kunde bleibt hinter dem Zaun verborgen) sind unter Umständen die ganze Zeit aktiv, mit dem Ergebnis, das weniger verkauft wird als möglich, in vielen Fällen sogar kein Abschluss zustande kommt.
Übrigens sind die Kunden mit dieser Art des Verkaufens meist recht unzufrieden.

Ich behaupte, dass der schlechte Ruf vieler Verkäufer und des Verkaufens an sich, viel mit dieser traditionellen Vorgehensweise zu tun hat, die den Kunden nicht aktiv involviert und nicht ermittelt, was Kunden wirklich wollen.

Hirngerechtes Verkaufen (Joint Venture Selling):

Beim hirngerechten Verkaufen dokumentiert die Größe der Kreise hier ebenfalls den Zeiteinsatz. Die Vorgehensweise ist jedoch hier eine ganz andere. Stellen Sie sich hier eine umgekehrte Pyramide vor, bei der die meiste Zeit verwendet wird, **erst einmal die emotionalen und auch rationalen Haltungs- und Einstellungsfaktoren des Kunden** zu ergründen.

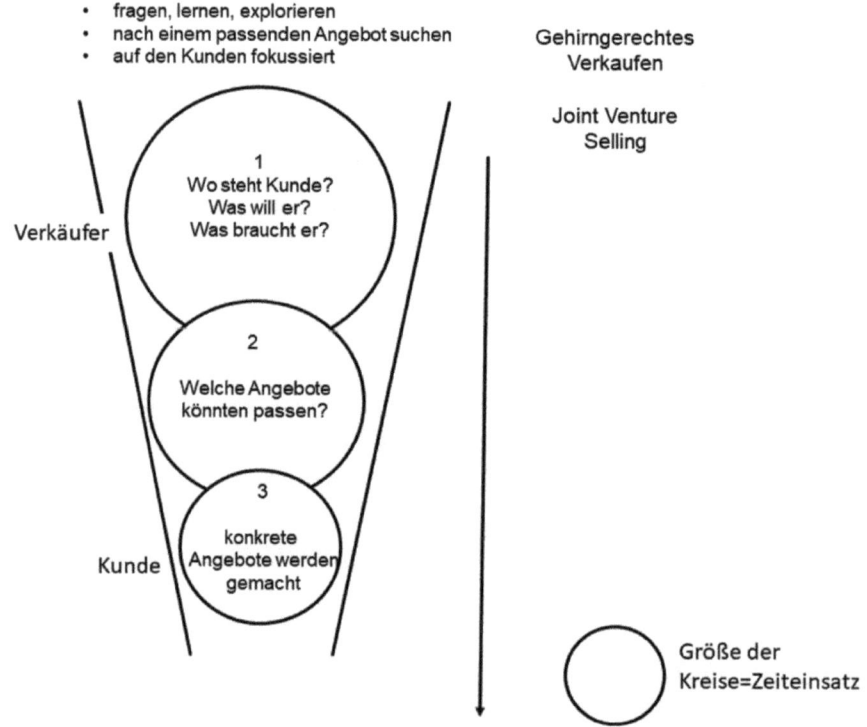

Das Fragen, Lernen und Explorieren bezieht sich hier darauf, das Konzept im Kopf des Kunden genau zu verstehen, erst einmal zu ergründen, was den Kunden bewegt. (und zwar persönlich genauso wie geschäftlich)

Der gesamte Prozess wird von Anfang an als gemeinsames Projekt gesehen. Deshalb nenne ich es „Joint Venture Selling".

Wenn Sie so vorgehen, wird der Redeanteil des Kunden am Anfang eines Gespräches entsprechend hoch sein, der Kunde wird am Verkaufsprozess beteiligt.

Der Schutzwall, den das Gehirn aufbaut, wird sehr viel schneller abgebaut. Sie erreichen den Kunden als Person sehr viel besser und können dann auch Ihr Angebot viel besser präsentieren.
Sie schneiden Ihr Angebot auf das Konzept im Kopf des Kunden zu.

Diese Vorgehensweise ist für Grundsatzgespräche (z.B., nachdem es Probleme gegeben hat) und für die Gewinnung neuer Kunden ein Muss.
Sie werden sehen, dass Sie auch bei bestehenden Kunden mit dieser Art des Verkaufens sehr viel weiterkommen als bisher.

Im Übrigen sind Kunden nach einem solchen Verkaufsgespräch nachweislich zufriedener.

Alles, was im Kapitel Fragen („6.4 Hirngerecht Fragen, um herauszufinden, wie Ihr Kunde tickt") dazu erarbeitet wird, trägt dazu bei, in diesen Punkten wesentlich erfolgreicher zu werden und den Kunden initial besser zu verstehen.
Wie wir im vorigen Kapitel gesehen haben sind:

- das Arbeitsgedächtnis, alle **rational kognitiven Funktionen** aktiv.
- die **Sicherheitsdetektoren- und Angstspeicher** im Hirn werden zu Rate gezogen. (worauf muss ich achten?)
- ebenso das **Organisationsorgan unseres Gedächtnisses** (gab es schon einmal ähnliche Erlebnisse, ggf. negativer Art?)

Durch die richtigen Fragen an der richtigen Stelle und eine aktive Beteiligung des Kunden am Verkaufsprozess werden diese Sicherheitsfunktionen schrittweise beruhigt.

Dieser Beruhigungseffekt bedeutet, dass der Kunde mehr und mehr die Kontrolle abbaut und Ihnen mehr und mehr das Vertrauen schenkt.

Hier beruhigen sich in erster Linie **die emotionalen Zentren des Kundengehirns** (sie geben uns unbewusst den Takt für unser Verhalten vor) und **signalisieren den Zentren, die eher der rationalen Verarbeitung** dienen, dass auch sie sich **entspannen können.**

5.2.2 Die Phasen des Verkaufsgespräches

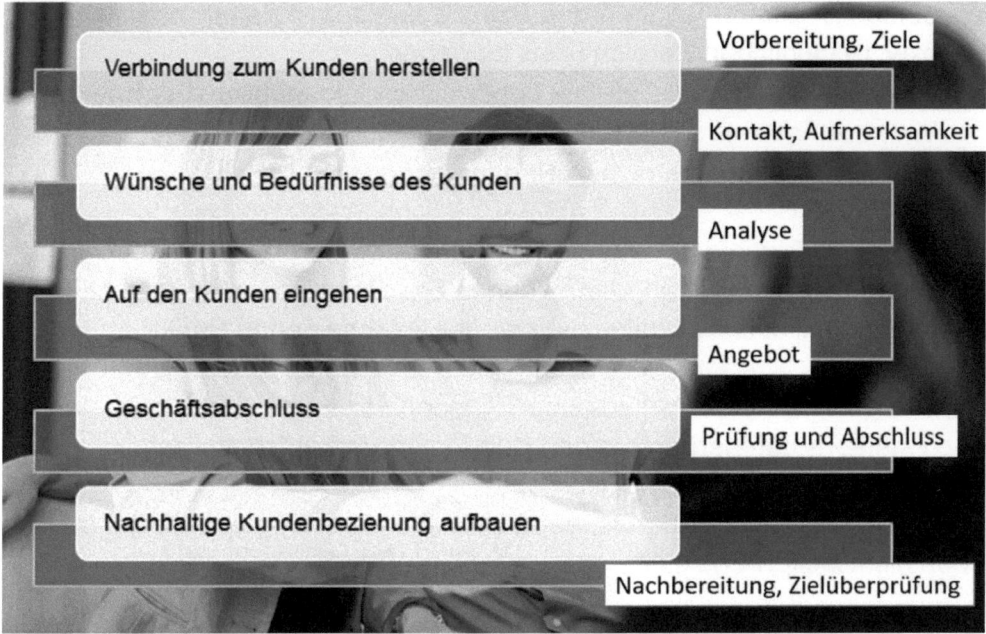

<u>Kontakt- und Aufmerksamkeitsphase:</u>

Negative Gefühle, welcher Art auch immer, die ein potenzieller Kunde einem Produkt, einem Geschäft oder einem Firmennamen gegenüber entwickelt, stellen für den Verkäufer eines der größten Hindernisse dar.

Zu Beginn eines Gespräches geht es deshalb in erster Linie darum, das Interesse des Kunden zu wecken, gleichzeitig das Vertrauen zu gewinnen und aufmerksam zu sein, welche Signale der Kunde sendet.

> Man kann nicht nicht kommunizieren.
> Paul Watzlawick

Allgemein ist in dieser Phase zu beachten:

- eine offene und gelöste Atmosphäre zu schaffen.
- persönliche Informationen und Signale aus dem eigenen beruflichen bzw. persönlichen Bereich Preis zu geben.
- die Kunst des "Small-Talk" zu beherrschen, um möglichst **schnell eine Vertrauensbasis schaffen** zu können.
- möglichst viele gemeinsame Nenner zu finden.

Wenn Sie die Signale des Kunden richtig interpretieren, auf seine Anliegen und Bedürfnisse eingehen, dann können Sie dem Kunden optimal helfen. Das Kommunikationsverhalten ist hier der entscheidende Punkt.

Eine Möglichkeit, einen entspannten Kunden vor sich zu haben, ist eine noch stärkere Zentrierung um den Kunden im Verkaufsgespräch.
Dies ist so war, wie es trivial ist.
Jedoch passieren in Verkaufsgesprächen die eigenartigsten Dinge, die eben nicht zielführend sind.

Was können wir tun, damit sich unser Kunde so schnell wie möglich entspannt und uns schnell vertraut?

Kümmert sich ein Verkäufer um einen Kunden intensiv, in dem er Fragen stellt, eine gemeinsame Basis herstellt **und den Kunden von Anfang an am Verkauf beteiligt**, stärkt dies das Sicherheits- und Wohlgefühl des Kunden deutlich.

Es entscheidet sich in dieser Phase bereits, ob die beteiligten Hirnareale des Kunden stärker oder weniger stark in den Wachsamkeits- und Vorsichtmodus schalten.

Meine Praxistipps für Sie:

- Prüfen Sie Ihren Redeanteil, gerade zu Beginn eines Gespräches.
- Sie sollten versuchen, am Anfang eines Gespräches weniger als ein Viertel zu reden.
- Wenn Sie reden, stellen Sie Bestätigungsfragen und Fragen, die Ihnen neue Informationen liefern. (**Siehe dazu das Kapitel „6.4 Hirngerecht Fragen, um herauszufinden, wie Ihr Kunde tickt")**
- Sehen Sie zu, dass dadurch der Redeanteil des Kunden deutlich erhöht wird und dass der Kunde sich „öffnet".
- Finden Sie zuallererst mal heraus, was Ihren Kunden bewegt, bevor Sie konkrete Angebote machen.
- **Deshalb sind auch private Themen, die Sie besprechen, von großer Bedeutung, um gemeinsame Nenner zu finden.** (Sie erinnern sich: Menschen mögen Gleichgesinnte)

Dazu eine kurze Geschichte aus meiner Vertriebspraxis:

Als ich selber noch Verkaufsleiter war, bekam eine meiner sehr guten Mitarbeiterinnen einen neuen Top-Kunden zugeteilt, mit dem Sie überhaupt nicht zurechtkam.

Dies lag offensichtlich in erster Linie daran, dass der Kunde sich in der Vergangenheit schlecht betreut fühlte und die neue Mitarbeiterin nun als Projektionsfläche diente. (Jeder von Ihnen hat dies sicherlich schon einmal erlebt)

Nachdem sich schon ein gewisses Maß an Verzweiflung einstellte, nahm sich die Mitarbeiterin vor, noch mehr über den Kunden herauszufinden. Man stellte dabei fest, dass beide die gleiche Hunderasse hatten. Dass der Kunde danach kein Problemkunde mehr war, muss ich nicht erwähnen.

Jede Handlung, die wir Menschen vollziehen, hat immer eine emotionale Färbung, unser limbisches System ist immer beteiligt, hier sind alle unsere bewussten, vorbewussten und unbewussten Erlebnisse abgespeichert.

Menschen, die uns ähnlich sind, machen es uns viel leichter, zu vertrauen. Schnell Gemeinsamkeiten festzustellen, ist eine Voraussetzung für Erfolg im Umgang mit Menschen.

Analysephase:

Allgemein ist in dieser Phase zu beachten:
Ein Kunde interessiert sich in erster Linie für die Lösung seiner Probleme, d.h., den Nutzen, der durch das Produkt zustande kommt und erst danach für die Vorteile von Produkten oder Dienstleistungen.

Durch eine sorgfältige Analyse werden Kundenprobleme transparent.
In der Sprache des Business ist seit langer Zeit tief verwurzelt, von Herausforderungen anstatt von Problemen zu reden.
Ich vertrete hier eine ganz klare Meinung:
Wenn es wirklich Probleme gibt, sollte man diese auch als solche bezeichnen und offen ansprechen.

Was sind denn nun Probleme und was nur Herausforderungen?
Es gibt Probleme und man kann Sie leicht als solche erkennen.
Ein wirkliches Problem ist immer daran zu erkennen, dass es Leidensdruck und Schmerz beim Kunden auslöst und zu unmittelbarer Handlungsbereitschaft des Kunden führt.
Alles andere sind Herausforderungen, die man leichter bewältigen kann und die nicht oder noch nicht weh tun!
Eine gute Vorbereitung ist eine wesentliche Voraussetzung, um Kundenprobleme transparent zu machen und die Kunden dann nach ihren vorhandenen Potenzialen zu entwickeln.

In der Phase, in der der Verkäufer intensiv auf die Wünsche und die Probleme des Kunden eingeht, lässt die Aktivität der Hippocampi nach, dies führt zu einem allgemeinen Beruhigungseffekt. Ein aktives Gedächtnis bedeutet Kontrolle, und eine Reduktion der Kontrolle bedeutet Vertrauen.

Diese Phase ist für Verkäufer von entscheidender Bedeutung,

- weil Sie hier einerseits Informationen bekommen, die für den weiteren Verlauf des Gespräches unverzichtbar sind,
- andererseits entscheidet sich hier, ob der Kunde den Sicherheitszaun weiter herunterlässt,
- und der Kunde bekommt sehr schnell mit, ob der Verkäufer lösungsorientiert denkt und arbeitet und ob er einen wirklichen Nutzen anzubieten hat.

Meine Praxistipps für Sie:

- Finden Sie heraus, ob die Kundin überhaupt ein Problem oder ein Problembewusstsein hat.
- Finden Sie heraus, was für Lösungen seines Problems die Kunden bereits in Erwägung gezogen hat.
- Welchen Nutzen können Sie bieten?
- Filtern Sie heraus, ob der Kunde einen geschäftlichen und persönlichen Nutzen durch das Zustandekommen des Geschäftes hat.

Meine Aufgabe für Sie:

Finden Sie den geschäftlichen und persönlichen Nutzen Ihres Angebots:

Sie können einen Kunden dann am besten überzeugen, wenn Sie nicht nur eine geschäftliche Problemlösung haben, sondern es auch einen persönlichen Vorteil für Ihren Kunden gibt.

Machen Sie ein Brainstorming für Ihre wichtigsten Kunden.
Schreiben Sie alle geschäftlichen Nutzenfaktoren auf, die Sie mit Ihrem Angebot realisieren können.
Schreiben Sie ebenso alle persönlichen Nutzenfaktoren auf, die Ihr Angebot für Ihren Kunden hat.

Geschäftlicher Nutzen	Persönlicher Nutzen

Beispiele für geschäftlichen und persönlichen Nutzen:

Geschäftlicher Nutzen	Persönlicher Nutzen
Finanzielle Vorteile, ROI	Den nächsten Karriereschritt machen
Kostensenkung	Als Problemlöser gesehen zu werden
Verbesserte Einarbeitung neuer Mitarbeiter	Anerkennung zu bekommen

Wenn Sie einem Kunden – neben dem Geschäft – auch einen Nutzen liefern, der ihm persönlich hilft, werden Sie sich um zukünftige Aufträge keine Sorgen machen müssen.

Angebotsphase:

Allgemein ist in dieser Phase zu beachten:
Der Verkäufer hilft am besten, wenn das Angebot eine optimale, individuelle Problemlösung für den Kunden ist.
Im Vordergrund steht dabei der geschäftliche Nutzen, aus dem Verborgenen entscheidet jedoch oft ein privater und persönlicher Nutzen, der die Wahl des Kunden motiviert.

Die objektive bzw. tatsächliche Produktausstattung ist zwar wichtig, jedoch sehr häufig von zweitrangiger Bedeutung (Was die Dienstleistung bzw. das Produkt alles kann!)

Der geschäftliche Nutzen ist also nicht immer der wichtigste Antrieb, wie wir in der Analysephase gesehen haben, denn auch der persönliche Nutzen Ihres Angebotes für Ihren Kunden kann den Ausschlag für einen Geschäftsabschluss geben.

Um herauszufinden, was der Kunde wirklich will, wie er tickt, brauchen wir die Fragen, in den Phasen davor, die den Kunden öffnen. Finden Sie heraus, was den Kunden motiviert. (also was ihn bewegt)

Die Qual der Wahl
Inzwischen ist gut untersucht, dass es die Qual der Wahl tatsächlich gibt, und dass die Größe der Auswahlmöglichkeiten negativ korreliert mit dem Wohlbefinden und der Entscheidungsfreudigkeit der Kunden.

> Wer dem Kunden die Qual der Wahl wirklich nimmt, der wird auch die besten Ergebnisse erzielen!

Sie erinnern sich an den oben genannten Zaun, hinter dem sich Ihr Kunde befindet.
Bei guten Verkaufsgesprächen kommt der Kunde im Laufe des Gespräches mehr und mehr heraus d.h., Sie haben sich in der Kontakt- und Analysephase idealerweise bereits einen Vertrauensbonus erarbeitet, den Sie jetzt nutzen.

In der Angebotsphase können Sie diesen Vertrauenseffekt, der dazu führt, dass der Kunde bereit ist, Ihnen zu folgen, noch weiter verstärken, wenn Sie in dieser wichtigen Phase ein hohes Maß an Autorität und Kompetenz zeigen.

Meine Praxistipps für Sie:

- Autorität und Kompetenz sind die wichtigsten Faktoren, um Kunden in der Angebotsphase (und später auch im Abschluss) wirklich zu überzeugen.
- Bei den Inhalten zu Ihrem Angebot dürfen Sie keine Schwäche zeigen oder Lücken haben.
- Machen Sie – wenn Sie sich nach der Analyse sicher sind – ganz konkrete Vorschläge. Sie reduzieren die Qual der Wahl, der Kunde wird es Ihnen danken!
- **Wenn Sie eine Lösung für ein Kundenproblem (das ist der eigentliche Kundennutzen) haben, fragen Sie sich: wie kann ich es so einfach wie möglich formulieren.**
- **Machen Sie unbedingt die untenstehende EVN-Übung.**
- Machen Sie - wo immer möglich - klar, dass Ihr Angebot das Problem anders und unkonventioneller löst als andere Angebote dies tun. (und einen hohen Nutzen für den Kunden hat)

Die EVN-Übung:

Eigenschaften und Vorteile von Produkten in Kundennutzen übersetzen:
Fast alle Verkäufer, die ich im Laufe der letzten Jahre trainiert und gecoacht habe, hatten ein herausragendes Wissen über die Eigenschaften und die daraus resultierenden Vorteile der von Ihnen vertretenen Produktpalette.
Nicht selten kommt es jedoch zu Frustrationen, wenn Kunden diese oft überlegenen Produkte dann trotzdem nicht kaufen. Und dies passiert immer dann, wenn der Kunde für sich **den persönlichen oder geschäftlichen Nutzen nicht sieht.**
Eigenschaften und Vorteile herauszustellen ist eine generische Selbstverständlichkeit, die in der Regel jedoch beim Kunden zum „Na-und-Effekt" führt. Kunden kaufen dann, wenn sie einen klaren Nutzen erkennen können. **Und dieser Nutzen kann – bei gleichen Produkten – von Kunde zu Kunde sehr unterschiedlich sein.**

Bei einem sehr wirksamen Medikament gegen Husten ist für den einen Arzt die Wirtschaftlichkeit, für den anderen die Therapiesicherheit und für einen dritten wiederum die Patientenzufriedenheit und damit die Patientenbindung entscheidend.

Diesen Nutzen gilt es herauszufiltern, nur dann können Sie sicher sein, dass der Kunde Ihre Produkte kauft und nach und nach zum Fan wird.

Die EVN-Übung für Sie:
Nehmen Sie ein Produkt Ihrer Palette (schrittweise dann alle anderen ebenso) und machen Sie folgende Übung:

1. Eigenschaften: was kann das Produkt?
Hier geht es um die klassische Produktausstattung.
Listen Sie diese auf!

2. Vorteile: was resultiert aus den Produkt-Features an Vorteilen?
Hier geht es darum, was aus den Eigenschaften für Vorteile für den Kunden entstehen. Listen Sie diese auf!

Das alleine reicht jedoch meist noch nicht aus, um den „Na-und-Effekt" endgültig zu überwinden.

3. Nutzen: mögliche persönliche oder geschäftliche Nutzenkriterien
Nun müssen Sie sich in Ihre verschiedenen Kundentypen hineinversetzen und überlegen, **wie kann ich die Eigenschaften und die Vorteile in einen für den Kunden relevanten Nutzen übersetzen?**
Hierzu haben Sie sich ja bereits in der Analysephase einige Gedanken gemacht, die Sie jetzt hier nutzen können.

Was bedeutet es also für den Kunden, wenn er Ihr Produkt kauft?
Ist der relevante individuelle Kundennutzen die Wirtschaftlichkeit, die Sicherheit, die Kundenbindung, Bequemlichkeit oder noch ein ganz anderer Aspekt?

Prüfung und Abschluss:

Allgemein ist in dieser Phase zu beachten:

- Hat die Kundin das Angebot überhaupt als "ihre" Problemlösung verstanden?
- Oder sieht sie "nur" gute Argumente für die angebotenen Produkte und Dienstleistungen?
- Was können Sie tun, um die Kundin in dieser Phase noch einmal intensiv zu begleiten?

Eine zwischenzeitliche Prüfung schafft Klarheit und macht einen Abschluss sehr viel leichter. Prüfen Sie, ob die Kunden wirklich einen Nutzen und eine Lösung ihrer Probleme sehen.
Beim Abschluss selber ist jedoch auch noch ein wesentlicher Faktor zu beachten. Wir haben sehr viel über die Schutzfunktion des Hirns gesprochen (Sie erinnern sich: der Zaun).

Auch, wenn Sie bis zur Abschlussphase sehr vieles richtig gemacht haben, brauchen die meisten Kunden noch einmal einen Impuls und eine Erinnerung, dass sie die richtige Wahl treffen werden.
Die Abschlussphase ist eine Phase, in der bei Ihren Kunden noch einmal Unsicherheit aufkommen kann. (Bei vielen Verkäufern im Übrigen auch)

Meine Praxistipps für Sie:

- Im Idealfall haben Sie **die emotionale Situation und das Konzept des Kunden durch das hirngerechte Verkaufen verstanden** und gehen entsprechend auf diese ein. Denken Sie an die umgekehrte Pyramide.

- Den Abschluss zu erreichen bedeutet also, den Kunden in der Schlussphase des Beratungsgespräches intensiv zu begleiten und **ihm zu helfen, die letzten Hürden zu überwinden.**

- Machen Sie deshalb eine **kurze Zusammenfassung** der wichtigsten Nutzenfaktoren, mit denen der Kunde rechnen kann. **Dies stärkt Ihre Autorität und Kompetenz**, die wichtigsten Faktoren, um Kunden auch in der Abschlussphase **die notwendige Sicherheit zu geben.**

- Sind Sie sicher, dass der Kunde Ihnen folgt, dann **fordern Sie sanft und bestimmt ein Commitment des Kunden** zur Durchführung der besprochenen Maßnahmen ein, die der Kunde tun muss, **damit das Geschäft für beide Seiten erfolgreich verläuft.** Was soll der Kunde tun, damit zwischen beiden Parteien langfristig eine nachhaltige Win/Win-Situation entsteht?

Haben Sie **das Konzept im Kopf des Kunden im Laufe des Verkaufsprozesses wirklich verstanden** und sieht der Kunde seinen persönlichen Nutzen, so können Sie Ihr gemachtes Angebot auch im Abschluss offensiv präsentieren. Der Kunde wird Ihnen folgen.

5.3 Nachbereitung des Gesprächs

Besonders erfolgreiche Verkäufer sind sich der Bedeutung der Nachbereitung bewusst.

> Nach dem Spiel ist vor dem Spiel.
> Sepp Herberger

Die Nachbereitung hat folgende Dimensionen:
- **Manöverkritik** (was in den Gesprächen gut gelaufen ist, kommt bei den meisten Menschen regelmäßig zu kurz)
- **Selbst-Reflektion** (wie habe ich agiert, was passt zu mir, wo habe ich noch „rote Linien", über die ich ungern gehe? Habe ich die Techniken und Fragen angewendet und das Heft in der Hand behalten?)
- **Kundenanalyse** (welche Informationen fehlen mir über den Kunden auch nach mehreren Besuchen noch?)
- **Kundenentwicklung** (muss ich meine Entwicklungsziele für den Kunden anpassen?)

Nachbereitung der Zielsetzung:

- Sind die Ziele für diesen Besuch erreicht worden?
- Wie nah sind Sie dem mittelfristigen Kundenentwicklungsziel gekommen?
- Was muss beim nächsten Besuch getan werden, um die mittelfristige Zielsetzung zu erreichen?

Nachbereitung des Verkaufsgesprächs (generelle Aspekte):

- Was ist besonders gut gelaufen?
- Wo hat Ihr Gespräch gehakt, wo haben Sie selber Verbesserungsbedarf gesehen?
- Welche Informationslücken habe Sie noch, die unbedingt gefüllt werden sollten?

Nachbereitung des Fragenteils Ihres Gesprächs: (siehe dazu das Kapitel „6.4 Hirngerecht Fragen")

- Habe ich die geschäftliche Relevanz zu Beginn klargestellt?
- Habe ich mit einer guten Bestätigungsfrage begonnen?
- Habe ich zumindest eine gute Neuinformationsfrage gestellt?
- Habe ich zumindest eine gute Haltungsfrage gestellt?
- Habe ich zumindest eine gute Verpflichtungsfrage gestellt, die schrittweises „Commitment" des Kunden auslöst?
- Waren die Fragen angemessen gestellt und logisch in der Reihenfolge, habe ich die passenden Schlüsselwörter gestellt?
- Habe ich die Verständnislücken des Klienten (und meine) gefüllt, bevor ich auf weitergehende Alternativen eingegangen bin?
- Habe ich das Problem des Kunden wirklich identifiziert?
- Habe ich wirklich verstanden, wie der Kunde in Bezug auf mein Angebot tickt?

<u>Nachbereitung des Technikteils Ihres Gesprächs: (siehe dazu das Kapitel „6.5 Verkaufstechniken")</u>

- War die Information, die ich dem Kunden gab, nutzenorientiert und bildhaft präsentiert?
- Wie bin ich auf die Einwände des Kunden eingegangen?
- Habe ich die anteilnehmende Rückformulierung eingesetzt?
- Habe ich interessante und überzeugende Verkaufsgeschichten erzählt? Und die Verkaufstechniken genutzt?

<u>Selbst-Motivation</u>

- Wofür kann ich mich heute feiern?
- Womit kann ich mich selber belohnen?

Dieser letzte Punkt ist mir besonders wichtig. Machen Sie sich Ihre Erfolge immer bewusst, nehmen Sie gute Gespräche nicht als selbstverständlich hin, **sondern nehmen Sie auch bewusst wahr**, was gut gelaufen ist.

Sie werden im Laufe der Zeit immer mehr ein **Muster Ihrer erfolgreichen Gespräche** bekommen. Und Sie werden dieses Erfolgsmuster dann von Gespräch zu Gespräch mitnehmen.

5.4 Nachhaltige Kundenbindung

Wir alle wissen, dass es sehr viel Geld kostet, einen neuen Kunden zu gewinnen. Bestehende Kunden und deren langfristige Bindung sind für den Erfolg einer Unternehmung von entscheidender Bedeutung.

Wir alle sind ja selber auch Kunde und machen täglich unsere Erfahrungen mit verschiedensten Anbietern.

Ich kann nur von mir selber sprechen, aber es ist für mich als langjähriger Kunde bei vielen Firmen (Banken, Versicherungen, Internet- und Telefonprovidern, Gas- und Stromanbietern) nicht zu spüren, dass man sich um eine nachhaltige Kundenbindung wirklich bemüht.

Und das Wort spüren meine ich wirklich so. Wenn wir die Beziehung zum Anbieter einmal bewusst emotional bewerten (was wir unbewusst immer tun), habe ich als Kunde häufig das Gefühl, dass viele Anbieter eine Kundenbindung nicht zu schätzen wissen.
Was muss im Gehirn Ihres Kunden passieren, damit es zu einer nachhaltigen, langfristigen und emotionalen Kundenbindung kommt?

Denken Sie auch hier wieder an den Kunden, der alle Sicherheits- und Vorsichtsdetektoren ausgefahren hat.
Der Kunde muss sich emotional in der Verkaufssituation wohlfühlen, er muss das Gefühl haben, die richtige Wahl zu treffen.
Rein rationale Erwägungen sind sekundär für die Entscheidung Ihres Kunden.

Ein hohes Vertrauen erreichen wir nur mit absoluter Verlässlichkeit und einem Nutzen, der für den Kunden wirklich relevant ist.

Wichtig ist in diesem Zusammenhang noch die Verlust-Aversion. Wie wir bereits gesehen haben, bewertet unser Gehirn Verluste doppelt so hoch wie Gewinne.

> Bei einem guten Vertrieb kommen die Kunden zurück, nicht die Ware.

Hat der Kunde nur die Spur der Sorge, dass er etwas verlieren könnte, oder schlimmer noch, hat er bereits einmal schlechte Erfahrungen gemacht, dann ist hier besondere Sorgfalt geboten.

Erfolgreiche Vertriebsmitarbeiter und erfolgreiche Organisationen haben diese Konstellationen bei Ihren Kunden verstanden:

- Sie wissen, dass in einer Reklamation des Kunden eine Chance für ewige Kundenbindung liegt und handeln entsprechend großzügig. (Ihnen ist ebenso bewusst, dass der Kunde auch sehr schnell zur Konkurrenz wechselt, wenn man hier Fehler macht)
- Erfolgreiche Vertriebsmitarbeiter bemühen sich deshalb – wo immer möglich - persönlich um die Erledigung von Reklamationen des Kunden
- Sie wissen, dass der „Fuß in der Türe" (mit einem Testauftrag, der natürlich hervorragend funktionieren sollte) wichtig ist, um weiteres Geschäft zu generieren.
- Erfolgreiche und nachhaltige Verkäufer/Kundenbeziehungen leben immer davon, dass der Verkäufer Phantasie für die Entwicklung des Kunden hat und gemeinsam mit dem Kunden das Potenzial in einem Marktsegment ausschöpft.
- Bei nachhaltigen Kundenbeziehungen gewinnen ausnahmslos beide Parteien durch die Kooperation.
- Besonders erfolgreiche Vertriebsmitarbeiter sehen sich als Partner der Kunden und fühlen sich dafür verantwortlich, über den Tellerrand der eigenen Produkte hinaus, dem Kunden einen Nutzen zu bieten. (Sie nehmen eine global-beratende Funktion ein)

Erfolgreiche Kundenbindung kreist immer um die Verantwortung der Vertriebsmitarbeiter selbst.

Deshalb denken besonders erfolgreiche Verkäufer folgendermaßen:

1. Sie fragen sich: **Was** kann ich **tun**?
In welchem Bereich kann ich mich persönlich einbringen, um den Kunden zufriedenzustellen oder besser noch zu begeistern?

2. Sie fragen sich: Was **kann** ich tun?
Habe ich die **notwendigen Mittel und Fähigkeiten**, um nachhaltige Kundenbindung sicherzustellen.
Wo dies noch nicht der Fall ist, fragt man sich, **wie komme ich an diese Mittel heran oder wie kann ich die Fähigkeiten erwerben?**

3. Sie fragen sich: Was kann **ich** tun?
Dies ist immer die Frage **nach der persönlichen Verantwortung für das Zustandekommen eines positiven Ergebnisses**.
Was kann ich als Verkäufer persönlich tun, um gemeinsam mit dem Kunden voranzukommen?
Bei besonders erfolgreichen Verkäufern sprengt dies auch schon mal den Rahmen der „normalen" Verantwortung.

6. Hirngerechte Einstellungen, Techniken und Tools

Wir haben bisher viele verkaufsstrategische Aspekte erörtert, die für Erfolg eine große Rolle spielen.

> Akzeptieren sie niemals ein „Nein" vom Jemandem, der nicht final „Ja" sagen darf!

Im eigentliche Gespräch kommt es dann doch oft anders als man es sich idealerweise vorgestellt hat und wir müssen kurzfristig flexibel reagieren.

Hier sind dann von Verkäufer/innen schnelle Reaktionen, Wachheit in der Wahrnehmung und entsprechende kommunikative Fähigkeiten gefragt. Es geht dabei vor allen Dingen darum, im Verkaufsgespräch das Heft in der Hand zu halten und sich nicht durch bewusste oder unbewusste Ablenkungsmanöver Ihrer Kunden aus dem Konzept bringen zu lassen.

Gute Ergebnisse kommen nur dann zustande, wenn es im Verkauf gelingt, vielfältige Pfeile im Kommunikationsköcher zu haben, die zur richtigen Zeit eingesetzt werden, um Einwände oder Vorwände des Kunden zu entkräften und einen Stillstand in der Verhandlung zu vermeiden.

Eine wesentliche Voraussetzung für Verkaufserfolge sind - über die reine Beherrschung von Techniken und Tools hinaus - die Haltungs- und Einstellungsdimensionen erfolgreicher Verkäufer.
Das, was man heutzutage den richtigen „Mindset" nennt.
Dazu gehört auch die Fähigkeit, sich selber zu motivieren.

Besonders erfolgreiche Verkäufer haben hier nachweislich Einstellungen entwickelt, die motivierend und zielführend sind. Und die vor allen Dingen mehr Leichtigkeit ins Verkaufsgespräch bringen.

Folgende Faktoren haben sich dabei in empirischen Untersuchungen herausgestellt.

Leistungsdynamik, mit den Unterpunkten:

- Selbstvertrauen / Selbstbewusstsein
- Selbstsicherheit
- Leistungsdrang
- Motivation

Interpersonelle Fähigkeiten, mit den Unterpunkten:

- Kontaktfähigkeit
- Auftreten
- Einfühlungsvermögen

Erfolgswille, mit den Unterpunkten:

- Einsatzfreude
- Statusmotivation

Belastbarkeit/Resilienz, mit den Unterpunkten:

- Misserfolgstoleranz
- Emotionale Grundhaltung
- Selbstsicherheit (ist sowohl ein Faktor der Leistungsdynamik als auch
  der Belastbarkeit)

Diese obigen Haltungs- und Einstellungsdimensionen sind die für Ver-
triebsmitarbeiter/innen wichtigsten Erfolgsfaktoren, die sich in einer sozial-
kompetenten und erfolgsorientierten Vorgehensweise zeigen.

**Diese 11 Erfolgsfaktoren (und zusätzliche 6 weitere) können in einem
Profilingverfahren analysiert und dann gezielt weiterentwickelt wer-
den.**
Im Folgenden stelle ich diese Faktoren vor.

6.1 Hilfreiche Einstellungsfaktoren erfolgreicher Verkäufer

<u>Leistungsdynamik</u>

<u>Selbstvertrauen / Selbstbewusstsein</u>
Wenn hohes Potenzial vorhanden ist, können diese Menschen sehr gut sowohl die Schwierigkeit einer Aufgabe einschätzen als auch ihre eigene Leistungsfähigkeit.
Ihr ausgeprägtes Selbstbewusstsein ist einer der Schlüsselfaktoren in der Kommunikation.

> Erfolgreiche Verkäufer wollen jeden Tag besser werden.

Konflikte, Meinungsverschiedenheiten oder schwierige berufliche Situationen werden nicht als Bedrohung, sondern als Herausforderung angesehen. Bei Auseinandersetzungen und in beruflichen Diskussionen wird der eigene Standpunkt angemessen vertreten. Neue Aufgaben oder Änderungen im Organisationsablauf werden positiv angenommen und zuversichtlich umgesetzt.

Auf den Punkt gebracht:
Erfolgreichen Verkäufern gelingt die Einschätzung der eigenen Leistungsfähigkeit. Sie beherrschen ihr Fach und wissen das auch.

Top-Verkäufer sagen:
"Ich beherrsche mein Fachgebiet und bringe mich aktiv in Prozesse ein."

<u>Selbstsicherheit</u>
Wenn hohes Potenzial vorhanden ist, bedeutet das, dass man grundsätzlich kein Gefühl der Unsicherheit empfindet.
Man kann eigene Bedürfnisse formulieren und dem Gegenüber vortragen, ohne verletzend oder aggressiv zu wirken. Man kann für sich Entscheidungen fällen und sich damit sicherer im Berufsleben bewegen.

Diese Menschen akzeptieren die beruflichen Umstände und machen das Beste daraus. Selbständiges Arbeiten mit entsprechenden Ziel- und Teilzielsetzungen ist für sie normal. Sie sehen sich oft als Zentrum der Aktivitäten und setzen sich nicht nur für eigene Belange, sondern auch für die von Kollegen/innen ein.

Auf den Punkt gebracht:
Erfolgreiche Verkäufer fühlen sich bei ihren Handlungen sicher. Sie zweifeln nicht an ihrer Wirksamkeit. Sie leiten dies jedoch nicht aus Arroganz, sondern aus Vorbereitung und zielorientierter Arbeit ab.

Top-Verkäufer sagen:
"Ich fühle mich sicher und akzeptiert bei dem, was ich tue."

Leistungsdrang

Wenn hohes Potenzial vorhanden ist, stellen diese Menschen entsprechende Ansprüche an ihre eigenen Leistungen und bewältigen Herausforderungen ohne Probleme.
Ihr natürlicher Drang zu leisten wird durch äußeren Druck sogar noch positiv beeinflusst.
Auch in Stress-Situationen behalten sie ihr hohes Anspruchsniveau und können sogar noch zulegen.

Sie haben erkannt, dass es bei der Erreichung eines Zieles immer zwei Möglichkeiten gibt: Erfolg bedeutet: Das Ziel wurde erreicht, Misserfolg bedeutet, das Ziel wurde nicht erreicht. Misserfolge werden als etwas Natürliches angesehen, aus dem man für die Zukunft lernen kann.

Auf den Punkt gebracht:
Erfolgreiche Verkäufer haben keine Leistungsängste, sie geben sich nicht mit wenig zufrieden. Sie sind ehrgeizig, aber nicht verbissen.

Top-Verkäufer sagen:
"Ich mag herausfordernde Situationen."

Motivation

Wenn hohes Potenzial vorhanden ist, engagieren sich diese Menschen für die ihnen gestellten Aufgaben und identifizieren sich mit den Zielen ihres Unternehmens.
Mit ihrer Leistungsorientierung wollen sie immer das Bestmögliche für

sich, ihre Mitarbeiter/innen und Kollegen/innen und ihr Unternehmen herausholen.

Sie orientieren sich deutlich am Leistungsprinzip. Das wirkt sich positiv auf Fleiß, Ausdauer und ihr Teamverhalten aus. Ihr Engagement wird sichtbar und motiviert Andere mitzuziehen, über einen langen Zeitraum an der Grenze der Leistungsfähigkeit zu arbeiten. Wenn sie das Gefühl haben, mit ihrer Leistung hinter den Kollegen/innen zu liegen, strengen sie sich entsprechend an, um die Lücke zu schließen.

Auf den Punkt gebracht:
Erfolgreiche Verkäufer identifizieren sich voll mit den Aufgaben und Zielsetzungen der Position. Sie sehen dabei nicht nur ihre eigene Leistung, sondern auch die der gesamten Organisation.

Top-Verkäufer sagen:
"Das, was ich tue, mache ich gerne, es macht Sinn und erfüllt mich."

Interpersonelle Fähigkeiten

Kontaktfähigkeit
Wenn hohes Potenzial vorhanden verstehen es diese Menschen, etwas von sich selber preiszugeben.
Diese Fähigkeit animiert ihre Gesprächspartner/innen, sich ebenfalls zu öffnen.
Sie verstehen es, emotionale Botschaften anderer zu entschlüsseln.

> Erfolgreiche Verkäufer öffnen sich gegenüber dem Kunden und öffnen damit den Kunden.

In relativ kurzer Zeit wird dadurch eine persönliche Gesprächsatmosphäre geschaffen.

Sie können auf Kollegen/innen, Vorgesetzte und Geschäftspartner unbefangen zugehen. Bei Kontakten tauschen sie mit anderen unbefangen Informationen aus, die eher zum persönlich-privaten Bereich gehören.
Es gelingt es ihnen leicht, Beziehungsnetzwerke aufzubauen.

Auf den Punkt gebracht:
Erfolgreiche Verkäufer öffnen sich, geben etwas von sich preis, zeigen Emotionen, und sind ungezwungen.

Top-Verkäufer sagen:
"Ich kann gut auf Menschen zugehen und komme mit jedem klar."

Auftreten
Wenn hohes Potenzial vorhanden ist, treten diese Menschen gegenüber sozial höher Gestellten entspannt und ungezwungen auf, weil sie keine Unterlegenheitsgefühle entwickeln.
Gegenüber hierarchisch oder sozial Höherstehenden zeigen sie generell keine Verunsicherung.

Ihr Auftreten wirkt auf Kollegen/innen und Vorgesetzten im Allgemeinen eher partnerschaftlich. Bei Vorgesetzten erzielen sie leichter Akzeptanz als Menschen mit geringem Potenzial. Ihr beruflicher Erfolg wird durch ihre Sicherheit im Auftreten nicht unmaßgeblich beeinflusst.

Auf den Punkt gebracht:
Erfolgreiche Verkäufer stellen sich immer gut auf alle sozialen Ebenen ein, mit denen sie zu tun haben.

Top-Verkäufer sagen:
"Ich kann mit jedem auf Augenhöhe kommunizieren."

Einfühlungsvermögen
Wenn hohes Potenzial vorhanden ist, haben diese Menschen ein sehr gutes Gespür für Andere, für deren Gefühlslage, für deren Bedürfnisse und Wünsche.
Wenn man miteinander spricht verwendet man ja nicht nur direkte Botschaften, sondern besondere „Signale", die „zwischen den Zeilen" stehen. Diese Botschaften werden durch die Formulierung des Gesprochenen, durch den Tonfall, die Mimik und Gestik übertragen.
In jedem Gespräch kommt es entscheidend darauf an, diese Botschaften schnell und richtig zu interpretieren, um adäquat auf den Anderen reagieren zu können.

Diese Fähigkeit ist besonders in Berufen wichtig, in denen man viel mit anderen Personen zu tun hat und wo es darauf ankommt, einen guten Kontakt herzustellen. Mit dieser Sensibilität gelingt es meist, auch in schwierigen Situation Gelassenheit zu bewahren und ein gutes Klima herzustellen.

Auf den Punkt gebracht:
Erfolgreiche Verkäufer erkennen und senden Botschaften ihrer Gesprächspartner. (Sie stellen sich optimal auf die Wellenlänge des Kunden ein)

Top-Verkäufer sagen:
"Ich kann mich gut auf Menschen einstellen und verstehe, was sie bewegt."

Erfolgswille

Einsatzfreude
Wenn hohes Potenzial vorhanden ist, identifizieren sich diese Menschen mit ihrer Arbeit und mit ihren Aufgaben. Sie setzen sich mit Engagement ein.
Ihre Bereitschaft sich anzustrengen ist hoch.

> Erfolgreiche Verkäufer nutzen denjenigen Erfolgsfaktor, der jedem sofort zur Verfügung steht: Fleiß!

Mit höheren Belastungen umzugehen, stellt für sie kein Problem dar.

Ein hoher Einsatz für ihre beruflichen Ziele ist für sie schon fast eine Notwendigkeit.
Sie sind gut ansprechbar und bereit, alle an sie gestellten Forderungen zu erfüllen.
Im Kollegenkreis gelten sie als leistungsorientiert und engagiert.

Auf den Punkt gebracht:
Erfolgreiche Verkäufer identifizieren sich mit dem Leistungsprinzip, sie sind leistungsorientiert und engagiert.

Top-Verkäufer sagen:
"Ich setze mich für meinen Erfolg ein und bin leistungsorientiert."

Statusmotivation

Wenn hohes Potenzial vorhanden ist, handeln diese Menschen nach dem Tauschwertprinzip: mehr Leistung = mehr Einkommen.

Sie schätzen Statussymbole und orientieren sich jeweils an der ranghöheren sozialen Schicht.

Mit ihren Ergebnissen können sie ihren Erfolg nach Außen demonstrieren.

Ein Berufsleben ohne Erfolg und die daraus resultierenden Statusmotivationsmerkmale können sie sich kaum vorstellen. Hohe Statusmotivation findet man insbesondere in Berufen, die mit Beratung, Vertrieb o.ä. zu tun haben, weil es dort immer um die zuletzt gemessene Leistung geht.

Auf den Punkt gebracht:
Erfolgreiche Verkäufer zeigen materiellen Erfolg, für sie ist mehr Leistung immer mit einer Erwartung an mehr Einkommen verbunden. Sie sind sich ihres Status auch in der Organisation bewusst, ohne dabei arrogant zu sein.

Top-Verkäufer sagen:
"Geld und Status sind mir wichtig und motivieren mich."

Belastbarkeit/Resilienz

Misserfolgstoleranz

Wenn hohes Potenzial vorhanden ist, können diese Menschen mit den kleineren und größeren Misserfolgen des täglichen Berufslebens gut umgehen und werden in ihrer Leistungsfähigkeit insofern nicht beeinträchtigt.

Im Gegenteil: Misserfolge werden durch höhere Anstrengungen kompensiert und überwunden. Auch in angespannten Arbeitssituationen, in denen sich zwangläufig mehr kleine Fehler einschleichen, bleiben sie gelassen und souverän.

Sie lassen sich so schnell nicht aus der Ruhe bringen und wissen, dass nur derjenige keine Fehler macht, der nicht arbeitet.

Auf den Punkt gebracht:
Erfolgreiche Verkäufer stecken Misserfolge leicht weg und gehen damit ganz natürlich um. Sie haben eine hohe Frustrationsschwelle, lernen ständig aus Fehlern und sind für Kritik und Anregungen offen.

Top-Verkäufer sagen:
"Ich nehme Misserfolge nicht persönlich und sehe in Rückschlägen immer auch Lernchancen, die mich nicht davon abhalten zu handeln."

Emotionale Grundhaltung

Wenn hohes Potenzial vorhanden ist, geht man mit einer grundsätzlich optimistischen Einstellung an das Leben und damit auch an berufliche Situationen heran.

Menschen mit einer positiven emotionalen Grundhaltung sehen die Dinge erst einmal gelassen und resignieren nicht von vornherein, wenn schwierigere Situationen auf sie zukommen.

> Erfolgreiche Verkäufer gründen keine Jammerzirkel.

Der Erfolg hängt bei ihnen weniger von glücklichen Umständen, als von der positiven Herangehensweise ab.
Auch negative Berufsereignisse können so positiv verarbeitet werden.
Sie erfreuen sich am eigenen Erfolg und am Erfolg des Unternehmens.
Sie haben es leicht, sich selbst zu motivieren.

Auf den Punkt gebracht:
Erfolgreiche Verkäufer haben eine positive Grundeinstellung zum Leben, für sie ist das Glas immer halb voll und nicht halb leer. Damit treiben sie sich selber an und motivieren auch andere.

Top-Verkäufer sagen:
"Ich gehe grundsätzlich mit einer positiven Grundhaltung an die Erledigung meiner Aufgaben heran."

Selbstsicherheit (ist sowohl ein Faktor der Leistungsdynamik als auch der Belastbarkeit)

Wenn hohes Potenzial vorhanden ist, bedeutet das, dass man grundsätzlich kein Gefühl der Unsicherheit empfindet.

Man kann eigene Bedürfnisse formulieren und dem Gegenüber vortragen, ohne verletzend oder aggressiv zu wirken.

Man kann für sich Entscheidungen fällen und sich damit sicherer im Berufsleben bewegen.

Diese Menschen akzeptieren die beruflichen Umstände und machen das Beste daraus. Selbständiges Arbeiten mit entsprechenden Ziel- und Teilzielsetzungen ist für sie normal. Sie sehen sich oft als Zentrum der Aktivitäten und setzen sich nicht nur für eigene Belange, sondern auch für die von Kollegen/innen ein.

Auf den Punkt gebracht:

Erfolgreiche Verkäufer fühlen sich bei ihren Handlungen sicher. Sie zweifeln nicht an ihrer Wirksamkeit. Sie setzen sich Ziele und leiten ihre Sicherheit aus systematischer Vorbereitung und Arbeit an den Zielen ab.

Top-Verkäufer sagen:
"Ich fühle mich sicher und akzeptiert bei dem, was ich tue."

Wir wissen natürlich alle, dass diese Verhaltensdimensionen, die die Verkäuferpersönlichkeit am Ende ausmachen, nicht allein durch Talent vom Himmel fallen.

Auch können wir einem Menschen nicht einfach sagen: „Hab` mehr Selbstvertrauen, trau dich was" oder „sei spontan in deinen Antworten" (Watzlawick).

Der Mensch und sein Gehirn lernt durch Anknüpfung an Bestehendes, an Bekanntes und ist dann auch besonders lernfähig, wenn erkannt wird, dass Handlungsbedarf besteht.

Lernen erfolgt schrittweise, immer auf bereits Bekanntem aufbauend, und nicht schlagartig und revolutionär.

Es kommen viele neue Dinge auf Mitarbeiter im Vertrieb zu und es gibt häufig einen hohen Veränderungsdruck; entscheidend ist jedoch – wie immer – wie wir diese Veränderungen initiieren.

Sind einzelne Faktoren des erfolgreichen Verkäuferverhaltens nicht optimal ausgeprägt, so gibt es mittlerweile sehr gute Möglichkeiten, dieses Verhalten für sich selber nutzbar zu machen und in sein persönliches Verhaltensspektrum zu integrieren.

Sie können die Einstellungsdimensionen durch Profilingsysteme für sich persönlich analysieren und mit denen ganz besonders erfolgreicher Menschen im Vertrieb vergleichen.

Darauf aufbauend können Sie einen gezielten Coaching- und Trainingsplan erhalten, mit dem Sie sich - schrittweise und exakt auf Ihre Bedürfnisse zugeschnitten - weiterentwickeln können.

Was können wir nun tun, wenn es dann doch mal einen motivatorischen Hänger gibt?

6.2 Exkurs: Selbstmotivation für Leistung und Gesundheit

Selbstmotivation hat immer einen kurzfristigen und einen langfristigen Aspekt.
Kurzfristig geht es immer darum, einen temporären Hänger zu überwinden und sich selber einen Kick zu versetzen. Hier spielt oft der Wille eine große Rolle.
Der Klassiker ist hier der Montagmorgen. Wer hat sich nicht schon einmal gewünscht, im Bett liegen zu bleiben.

Beim langfristigen Aspekt der Selbstmotivation geht es in erster Linie darum, ob es gelingt, eine Deckungsgleichheit zwischen beruflicher Realität und der grundlegenden Persönlichkeit und Ihren Wünschen und Ansprüchen sicherzustellen.

Wird diese Diskrepanz auf Dauer zu groß, so entsteht Handlungsbedarf, da hier eine mögliche Stress-Situation auftritt, die nicht zu lange vorherrschen sollte.

Was tun die erfolgreichen Menschen nun, wenn Sie einen motivationalen Hänger haben?

Es geht in erster Linie darum, aus dem „Tal des Motivationstiefs" herauszukommen.

Je besser Ihre langfristige Ausrichtung ist, d.h. je stärker Ihre Tätigkeit zu Ihrer Persönlichkeit und Ihren Wünschen passt, umso leichter ist es auch mal einen kurzfristigen Hänger zu überwinden.

Punkt 1: Ziele, positive Emotionen und Vorfreude generieren:

Prüfen Sie regelmäßig, ob Sie noch einem Ziel folgen, das Sie bewegt. (Und eine positive emotionale Kraft für Sie persönlich hat)

Fragen Sie sich bei Ihrer täglichen Zielsetzung: trägt dieses Ziel zu meiner Motivation bei.

Wenn nicht, dann fragen Sie sich: wie kann ich das Ziel modifizieren, so dass es mich bewegt, welches (Neben)Ziel kann ich mir setzen, dass mich motiviert.

Worauf können Sie sich bei der Bewältigung Ihres Arbeitspensums freuen?

Ein Beispiel aus der Praxis:

Ich habe mal einen Vertriebsmitarbeiter gecoacht, der hatte eine ganz außergewöhnliche Vorgehensweise, mit der er es immer wieder geschafft hat, seine Motivation hochzuhalten.

Um positive Emotionen zu generieren, setze er sich an allen Tagen im Feld - neben der geschäftlichen Zielsetzung - noch eine persönliche Nebenzielsetzung.

Und diese Nebenzielsetzung war ganz einfach:

Er hatte überwiegend mit Damen zu tun und setzte sich als Nebenziel, emotionale Gespräche zu führen, die eine Art Flirtfaktor beinhalteten.

Unabhängig vom Resultat des Gespräches war ein Gespräch für ihn gelungen, wenn es in einer sehr positiven Atmosphäre stattfand.

Insbesondere an Tagen, an denen er mit einem Hänger in den Tag startete, konnte er dadurch sehr schnell seine eigene Stimmung und natürlich auch die seiner Gesprächspartner verbessern.

Aus diesem Nebeneffekt wurde dann auch das Hauptziel recht gut erreicht, seine Verkaufsergebnisse waren weit überdurchschnittlich.

Punkt 2: Vorbilder, die wir bewundern, helfen uns bei der Motivation:

Wenn Sie noch kein Vorbild haben, dann finden Sie jemanden, den Sie wirklich zutiefst für sein/ihr Tun bewundern. Was davon können Sie in Ihr jetziges Leben bringen.
Lesen Sie z.B. Biografien von Menschen, zu denen Sie eine positive Resonanz haben und lassen Sie sich davon inspirieren.

Ein Beispiel aus meiner eigenen Praxis:
Ich habe persönliche nicht einen einzelnen Menschen, sondern eine Mischung verschiedener Typen, die ich als Vorbild ansehe.
Dazu lese ich regelmäßig Biographien von unterschiedlichsten Menschen. Die letzten (Auto)Biographien, die ich gelesen habe, waren von Götz Werner, Elon Musk und Steve Jobs.

Nehmen wir Steve Jobs als Beispiel:
Er ist für mich – wenn man der Beschreibung seiner menschlichen Qualitäten Glauben schenken darf- in dieser Hinsicht sicherlich kein Vorbild.

Seine visionären Fähigkeiten und sein extrem hoher Qualitätsanspruch - insbesondere in Bezug auf das Design der Apple-Produkte - sind jedoch herausragende Züge von Jobs, die für mich Vorbildcharakter haben.
Gleiches gilt z.B. für Elon Musk, der sich von seinen Visionen nicht abbringen lässt, auch, wenn scheinbar unüberbrückbare Hindernisse im Wege stehen.

Mein Vorbild ist dadurch eher ein Hybrid, den es als Menschen so nicht gibt, der aber alle für mich erstrebenswerten Eigenschaften hat, mit denen ich in Resonanz gehe und die mir persönlich helfen, erfolgreicher zu werden.

Punkt 3: Belohnen Sie sich selber:

Nehmen Sie bewusst auch kleine Erfolge wahr, zu oft fallen diese unter den Tisch. Gewöhnen Sie sich an, sich auch für kleine Erfolge zu beloh- nen. **Überlegen Sie für sich, welche kleinen Selbst-Belohnungen sind für Sie besonders wirksam, womit können Sie sich selber belohnen? (variieren Sie diese Belohnungen)**

Punkt 4: Achten Sie unbedingt darauf, wie Sie sich Erfolge und Miss- erfolge erklären (wie Ihre Neigung hinsichtlich Optimismus und Pes- simismus ist):

Es ist für Ihren beruflichen Erfolg und für Ihr persönliches Wohlbefinden von entscheidender Bedeutung, dass Sie sich einen optimistischen und re- alistischen Blickwinkel bewahren.
Negative Gedankenspiralen, die mit der Realität wenig zu tun haben, wer- den Sie nur lähmen.
Neben der Hirnforschung hat auch die klassische Psychologie sich mit den Themen Motivation und Erfolg auseinandergesetzt.
Den aus meiner Sicht besten Blick auf das, was uns wirklich hilft, hat hier die positive Psychologie.

Martin Seligman, einer der Begründer der positiven Psychologie hat in seinem Buch, „Flourish - wie Menschen aufblühen", untersucht, welche Bereiche des menschlichen Lebens wirklich zur tiefen Zufrie- denheit beitragen und letztendlich zum Wohlbefinden der Menschen.

Die PESEP-Formel für Wohlbefinden und Leistung
Es sind im Wesentlichen 5 Punkte, die zu verbessertem Wohlbefinden und damit auch zu einer hohen Leistungsfähigkeit eines Menschen führen:

- Positive Emotionen regelmäßig erleben (eine optimistische Aus- richtung ist hier sehr hilfreich)
- Engagement und Flow-Erleben (wie sehr gehe ich in meiner Tä- tigkeit auf)

> Die PESEP-Formel
> P: Positive Emotionen
> E: Engagement und Flow
> S: Sinn im Tun
> E: Ergebnisse
> P: Positive Beziehungen

- Sinnempfinden bei dem, was ich tue. (Trage ich zu etwas bei, das „größer" ist als ich selbst, das bedeutsam ist)
- Ergebnisse erzielen (Zielerreichung, Befriedigung erleben, Wirksamkeit des eigenen Tuns erfahren, Selbstvertrauen gewinnen)
- Positive Beziehungen zu Mitmenschen (Familie, Freunde, Kollegen, Chefs)

PESEP: die positiven Emotionen und die positiven Beziehungen umschließen die 3 anderen Faktoren.

In Seligmans Buch finden Sie die Formel in der englischen Form, dort heißt sie PERMA. (positive emotion, engagement, relationships, meaning, accomplishments)

Ich möchte im Folgenden kurz zusammenfassen, **was Sie persönlich tun können, um mehr positives Gedankengut mit in Ihr tagtägliches Arbeiten zu nehmen.**

Meine Aufgabe für Sie:
Gehen Sie die 5 Punkte für sich persönlich durch:
Und beachten Sie dabei, ob Sie für jeden Punkt die persönliche Verantwortung übernehmen können.

Nur darauf haben Sie wirklich Einfluss.
Nehmen Sie sich Zeit, Sie werden feststellen, dass Sie – mit etwas Nachdenken – vielmehr tun können als Sie momentan spontan glauben.

Positive Emotionen:
- Welche positiven Emotionen sind mit Ihrer Aufgabe jetzt schon verbunden?
- Was kann Ihnen helfen, um „on-the-job" mehr positive Emotionen zu generieren?
- Was können Sie in diesem Bereich selber täglich tun?

Engagement und Flow:
- Bei welcher Art der Tätigkeit verlieren Sie Ihr Raum- und Zeitgefühl?
- Worin gehen Sie total auf?
- Was macht Ihnen bei Ihrer Arbeit besonders viel Spaß?

Sinn im Tun:
- Arbeiten Sie an einem Ziel, das „größer" ist als Sie selber?
- Für welche Werte steht Ihre Firma?
- Wofür stehen Sie persönlich?
- Welchen Dienst stellen Sie der Gesellschaft mit Ihrer Arbeit zur Verfügung?

Ergebnisse:
- Welche Ergebnisse erzielen Sie bei Ihrer Arbeit?
- Haben Sie wesentlichen Einfluss auf diese Ergebnisse?
- Wie zufrieden sind Sie mit diesen Ergebnissen?

Positive Beziehungen:
- Wie gut sind Ihre Beziehungen zu Kollegen, Vorgesetzten und/oder Mitarbeitern?
- Wie positiv bewerten Sie Ihre Kundenbeziehungen?
- Welche positiven Beziehungen haben Sie generell in Ihrem Leben?

Wenn es Ihnen gelingt, sich selber kurzfristig zu motivieren und Sie es schaffen, langfristig in einem positiven Umfeld zu arbeiten, das Ihnen möglichst viele positive Erfolgserlebnisse bietet, sinnstiftend ist, Ihnen also ein hohes Maß an Befriedigung und Freude liefert, dann sind Sie nicht nur zu beneiden, sondern Sie werden auch stressresistent und leben einfach gesünder. Professor Seligman hat sogar Erkenntnisse, dass wir dann auch länger leben.

Kommen wir jetzt zurück zum Verkaufen und den Erfolgsfaktoren, die sich im Laufe der Jahre herauskristallisiert haben.

6.3 Den Kunden am Verkaufsprozess beteiligen

Wir haben bereits oben gesehen, wie wichtig die starke Beteiligung des Kunden von Anbeginn des Verkaufsprozesses für den Erfolg des Gespräches ist.

Ich zeige diese umgekehrte Pyramide des Joint Venture Sellings hier noch einmal.

Stellen Sie in jedem Fall sicher, dass Sie dem Kunden ausreichend Raum geben, seine Situation darzustellen.

Sie werden feststellen, dass Sie nicht nur viel mehr über den Kunden erfahren, sondern sich das Verhältnis zwischen dem Kunden und Ihnen deutlich verbessern wird.

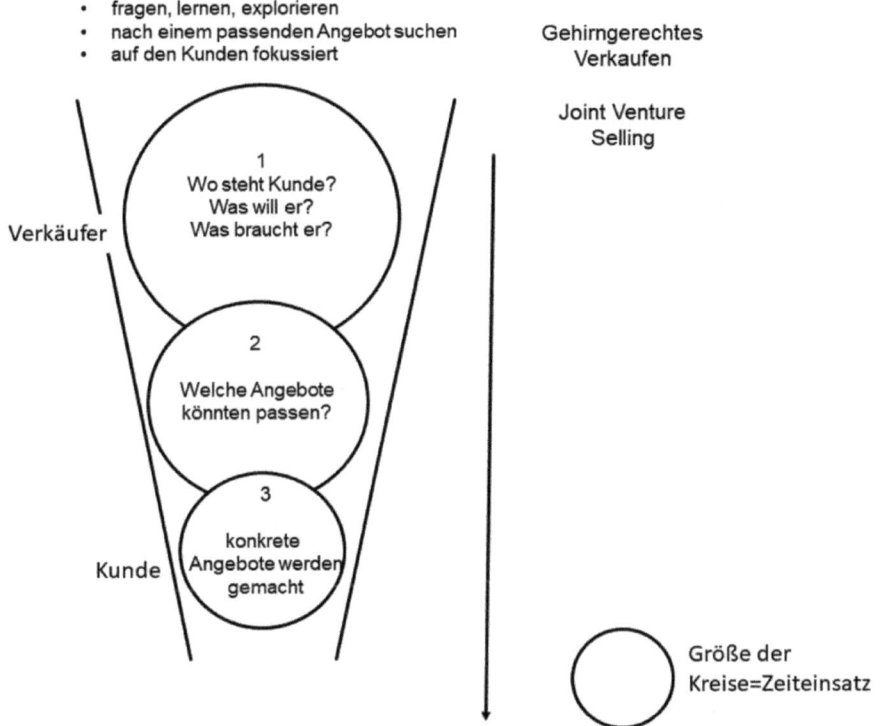

- fragen, lernen, explorieren
- nach einem passenden Angebot suchen
- auf den Kunden fokussiert

Gehirngerechtes Verkaufen

Joint Venture Selling

Verkäufer

1
Wo steht Kunde?
Was will er?
Was braucht er?

2
Welche Angebote könnten passen?

3
konkrete Angebote werden gemacht

Kunde

Größe der Kreise=Zeiteinsatz

Das Fragen, Lernen und Explorieren dient dazu, das Konzept im Kopf des Kunden genau zu verstehen, erst einmal zu ergründen, was den Kunden bewegt. (und zwar persönlich genauso wie geschäftlich)

Wenn Sie so vorgehen, wird der Redeanteil des Kunden am Anfang eines Gespräches entsprechend hoch sein, der Kunde fühlt sich am Verkaufsprozess beteiligt.

Der Schutzwall, den das Gehirn aufbaut, wird sehr viel schneller abgebaut, Sie erreichen den Kunden besser und können ihm dann ein passendes Angebot machen.

Sie schneiden Ihr Angebot auf das Konzept im Kopf des Kunden zu. Diese Vorgehensweise ist für Grundsatzgespräche (z.B., nachdem es Probleme gegeben hat) und für die Gewinnung neuer Kunden ein Muss.

Sie werden sehen, dass Sie auch bei bestehenden Kunden mit dieser Art des Verkaufens sehr viel weiterkommen als bisher.
Im Übrigen sind Kunden nach einem solchen Verkaufsgespräch nachweislich zufriedener.

Alles, was wir im nächsten Kapitel („6.4 Hirngerecht Fragen, um herauszufinden, wie Ihr Kunde tickt") dazu herausgearbeitet haben, trägt dazu bei hier wesentlich erfolgreicher zu werden und den Kunden initial besser zu verstehen.

Wie wir im vorigen Kapitel gesehen haben, sind viele Schutzfunktionen des Gehirns aktiv.
Durch die richtigen Fragen an der richtigen Stelle und eine aktive Beteiligung des Kunden am Verkaufsprozess werden diese Sicherheitsfunktionen schrittweise beruhigt.

Der Kunde baut seine Sicherheits- und Kontrollmechanismen mehr und mehr ab. Dies ist das Vertrauen, das Sie bei Ihrem Kunden durch einen hirngerechten Verkaufsprozess aufbauen und das Ihnen hilft, Ihre Ziele leichter zu erreichen

6.4 Hirngerecht Fragen, um herauszufinden, wie Ihr Kunde tickt

Welche Fragen können Sie stellen, um den Kunden ins Reden zu bringen und Botschaften zu bekommen, die auf emotionale Themen schließen lassen?
Folgende Fragen haben sich in der Praxis bewährt.

Bestätigungsfragen:
Diese Fragen dienen dazu, die Daten, die Sie haben, zu verifizieren oder zu validieren. Sie sind gut für den Beginn des Gespräches geeignet.
Es spielt dabei keine Rolle, ob Sie die Antwort schon kennen.

Der Zweck ist in erster Linie, den Redeanteil der Kunden am Anfang des Verkaufsgespräches zu erhöhen und ggf. schon hier erste zusätzliche (auch neue) Informationen automatisch zu bekommen. Und den Kunden aktiv am Gespräch zu beteiligen.

Dies hat folgende Vorteile:
*   Sie bekommen Informationen, nach denen Sie ggf. gar nicht gefragt haben.
*   Sie beteiligen den Kunden am Verkaufsgespräch; Kunden, die am Verkaufsgespräch beteiligt waren, sind zufriedener mit dem Kauf.
*   Sie grenzen sich von 95 % der Verkäufer ab, die mit der Türe ins Haus fallen und von vorn herein auf Sendemodus sind.

Schlüsselwörter für Bestätigungsfragen sind:
Immer noch? jetzt, momentan, bleiben, ist es noch so, dass ....?,

Fragen, um neue Informationen zu bekommen:

Diese Fragen sind gut geeignet, um nach einer Bestätigungsfrage nachzu-haken, falls die Antwort auf diese Frage unerwartet war. Sie öffnen damit das Gespräch und die Wahrscheinlichkeit, dass Sie emotionale Botschaften wahrnehmen, steigt.

Dies hat folgende Vorteile:

- Die Fragen helfen Informationen zu aktualisieren, Ihre Wissenslücken zu füllen und zusätzliche Informationen über die Wünsche Ihres Kun-den zu bekommen
- Der Kunde fühlt sich von Ihnen abgeholt und sendet offen oder ver-steckt auch hier emotionale Signale, die für den späteren Verlauf des Gespräches wichtig sind.

Schlüsselwörter für Fragen zu neuen Informationen sind:

Was?, wo?, wann?, wie?, wie viel(e)?, zeigen Sie mir doch, erklären Sie mir, weiter ausführen, beschreiben, gibt es Neuigkeiten?..........

Fragen: das Verständnis des Kunden überprüfen (Feedback):

Sie dienen immer der Überprüfung, ob der Kunde inhaltlich noch bei Ihnen ist. Oft haben Kunden einen Aspekt Ihrer Präsentation nicht verstanden, fragen jedoch nicht nach.

Feedback einzuholen hat folgende Vorteile:

- Die Fragen helfen der Verkäuferin auch mal durchzuatmen und sich zu sammeln.
- Der Kunde fühlt sich auch hier aktiv beteiligt und bekommt die Gele-genheit, sein Verständnis abzugleichen.
- Dies trägt zur Zufriedenheit mit dem Kauf und dem Verkäufer bei.

Schlüsselwörter zu Feedback-/Verständnisfragen:

Soweit inhaltlich o.k.?, nachvollziehbar?, noch Fragen zum bisher bespro-chenen?

Fragen zur Haltung und Einstellung:

Diese Fragen sind gut geeignet, wenn Sie die emotionalen, bedürfnisorientierten Hintergründe einer Antwort ergründen wollen, um weiter zu kommen.

Wenn Sie in einem Verkaufsgespräch z. B. auf dogmatische Aussagen und oder Killerphrasen treffen, wie z.B., „das können Sie vergessen", „das kommt für mich nicht in Frage", sind oft wertebezogene und emotionale Themen betroffen.

Entweder klären Sie diese oder das Gespräch wird voraussichtlich nicht erfolgreich werden.

Die Haltung zu ergründen hat folgende Vorteile:

*   Sie bekommen durch diese Frage mehr Informationen über die individuellen Werte, Bedürfnisse, und Meinungen in Bezug auf Ihr Angebot.
*   Sie nehmen den Kunden durch Rückfragen ernst und fahren nicht einfach mit „ja, aber" fort. („aber" ist in 90% der Fälle eine nicht angebrachte Erwiderung)
*   Sie haben nach der Beantwortung eine klare Aussage und wissen, was dem Kunden wichtig ist und können Ihre Präsentation entsprechend anpassen.

Schlüsselwörter zu Fragen zur Haltung (Konzept) des Kunden

Was? welche? wie? beschreiben Sie doch mal!

In Verbindung mit: Meinung, Gefühl, Reaktion, Einstellung.

Fragen, um den Kunden in die Pflicht zu nehmen (Commitment):

Welche Fragen kann ich stellen, um das Commitment des Kunden über notwendige nächste Schritte zu bekommen?

Diese Fragen dienen immer der Überprüfung, ob der Kunde bereit ist, das Geschäft intern voranzutreiben

Sie tun sehr viel, um das Geschäft voranzutreiben.

Was sollte der Kunde tun, damit das Geschäft erfolgreich wird?

Dies hat folgende Vorteile:

- Die Fragen helfen Ihnen, herauszufinden, ob der Kunde bereit ist, Ihnen zu helfen, zum Abschluss zu kommen.
- Der Kunde wird hier in die Pflicht genommen. Nichts ist kurz vor dem Abschluss eines Geschäfts wichtiger, als den Kunden mit ins Boot und in die Verantwortung zu nehmen.
- Die Wahrscheinlichkeit, das besprochene Maßnahmen (wie z.B. durchzuführende Aktionen im Handel) wirklich umgesetzt werden, steigt.

Schlüsselwörter zum Kunden-Commitment:
Nächste Schritte?, wen müssen wir noch ins Boot holen?, wer macht bei Ihnen was bis wann?, welche notwendige Unterlagen brauchen Sie noch, um das Geschäft voranzutreiben?

Aussagen über Ihr Produkt (Nutzen) sollten hirngerecht formuliert werden und Emotionen freilegen:

Im Laufe dieses Buches sind wir immer wieder auf die besondere emotionale Färbung des menschlichen Verhaltens eingegangen.

Wenn Sie die emotionale Tiefe Ihrer Kunden ausloten wollen, ist die Art und Weise, wie Sie eine Frage stellen oder eine Aussage formulieren, von ganz entscheidender Bedeutung.

Verbinden Sie Ihre Fragen und Ihre Sprache immer mit einer Phantasie, die den Kunden in einen positiven Zustand nach dem Kauf versetzt.

(Siehe dazu auch „3.2 Sprechen Sie in Bildern")

Beispiel 1, Einzelhandel:

Stellen Sie sich vor, Sie haben dieses Display platziert und die Kunden kommen in Scharen, um die bereits durch Werbung vorverkaufte Ware zu kaufen. Sie können Ihre Beratung auf ein Minimum reduzieren, gewinnen Zeit und erzielen diesen Umsatz relativ leicht.

Wie fühlt sich das an? Wie wäre das?

Beispiel 2, Metallbearbeitende Werkzeuge für das produzierende Gewerbe:

Stellen Sie sich vor, Sie müssen die Maschine nur noch alle 16 Stunden, anstatt alle 8 Stunden umrüsten, so dass Ihre Produktion viel weniger Stillstand hat. Wie wäre das für Sie?
Ein höherer Preis für dieses Werkzeug ist in diesem Fall sicherlich sehr viel leichter durchzusetzen.

Beispiel 3, Verkäufer eines sportlichen Elektroautos:

Stellen Sie sich vor, Sie stehen an einer Ampel und neben Ihnen steht ein Porsche 911 Carrera, mit dem Sie beim Beschleunigen auf den ersten Metern – aufgrund des sofortigen Drehmoments des Elektromotors – leicht mithalten können.

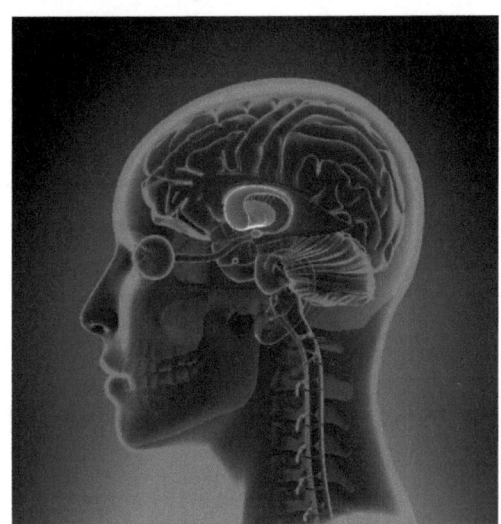

Wie fühlt sich das an, wenn man dabei kein schlechtes Gewissen haben muss?

Durch diese Art der Fragen kommen Sie an die tieferen limbischen Schichten Ihrer Kunde heran.

Dort ist abgespeichert, was den Kunden emotional bewegt.

6.5 Verkaufstechniken: schnell und angemessen reagieren

Ich habe die hier genannten Verkaufstechniken allesamt bei Zusammenarbeiten mit besonders erfolgreichen Verkäufern gelernt.
Wir werden uns mit den folgenden Techniken befassen, die – wie oben bereits ausgeführt – Ihnen helfen werden, den roten Faden im Verkaufsgespräch zu behalten.

6.5.1 Klassische Verkaufstechniken:
Technik1: die anteilnehmende Rückformulierung.
Technik 2: Pfeile im Argumentationsköcher (Fakten sprechen lassen).
Technik 3: Phantasiebilder und innere Bilder.
Technik 4: rationale oder scheinrationale Schlussfolgerungen.
Technik 5: das Geschäft abschließen, den Sack zumachen.

6.5.2 Hilfstechniken:
Nützliche Wörter, die Sie im Spiel halten oder wieder zurückbringen:
Es gibt einige nützliche Brückenwörter, die Ihnen helfen können, sich aus möglichen schwierigen Situationen zu befreien.

6.5.3 Kommunikative Hygiene im Verkaufsgespräch:
In der Medizin bezeichnet Hygiene die Maßnahmen zur Vorbeugung gegen Infektionskrankheiten, insbesondere Reinigung, Desinfektion und Sterilisation.
Kommunikative Hygiene, so wie ich Sie verstehe, soll Ihnen helfen, dass Ihre Sprache und das gesamte Auftreten von schädlichen Verhaltens- und Sprachmustern freigehalten werden. Damit Ihre Kommunikation sich nicht nachteilig infiziert, werden wir die folgenden Aspekte untersuchen.

- Die „Ja-aber-Gewohnheit" überkommen.
- Worthülsen vermeiden.
- Mentale Hygiene im Verkaufsgespräch, die Macht des Schweigens nutzen.

6.5.1 Klassische Verkaufstechniken

Technik 1: die anteilnehmende Rückformulierung (ARF):

Definition:
Mit eigenen Worten, auf das Wesentliche verkürzt, in feststellendem Tonfall, mit dem Verständnis für die Gefühle des Partners, alleine <u>das</u> wieder-
holen, was der andere gerade zum <u>Ausdruck</u> gebracht hat.
Nicht die gleichen Worte verwenden, also papageien!

Zielsetzung, die Sie mit dieser Technik verfolgen:
Diese Technik hat nur ein Ziel, und zwar sich auf die Seite des Kunden zu
stellen und deutlich zu machen und anzuerkennen, dass das vom Kunden
Gesagte eine valide Basis hat. (Sie müssen übrigens in keiner Weise mit
dem Kunden einer Meinung sein, um diese Technik anzuwenden)

Viel zu häufig erlebe ich – bei Einwänden von Kunden – das direkt dagegen argumentiert wird, möglichst noch mit dem Wort, „ja, aber".
Wir werden im Weiteren noch sehen, was das mit Ihrem Kunden macht.
**Es geht bei dieser Technik nur darum, das Gefühl des Kunden anzu-
erkennen und so umzuformulieren, dass der Kunde sagt: ich werde
verstanden.**

Es werden keine Argumente verwendet, es handelt sich hier lediglich um
eine Brückentechnik, die zwischen dem Kundeneinwand und der Erwiderung platziert wird.

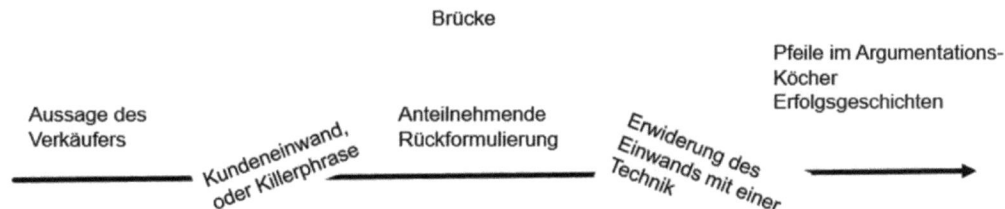

97

Ausgangssituation und Beispiel:
Stellen Sie sich vor, Sie machen der Kundin für ein Produkt einen Mengenvorschlag.

Aussage der Kundin:
Die Menge, die Sie mir hier vorschlagen, ist absolut illusorisch.

Aussage des Verkäufers (anteilnehmende Rückformulierung):
Ich merke, Sie befürchten, dass Sie nicht die richtigen Kunden für dieses Produkt haben.

Antwort der Kundin:
Ganz genau!

Warum ist die ARF - aus Sicht der Hirnforschung – im Verkauf so wichtig?

Sie haben die Gefühle der Kundin in Bezug auf Ihr Angebot zurückgespielt, und zwar in einer Art, dass die Kundin sich voll und ganz verstanden fühlt.

Eine gute anteilnehmende Rückformulierung erkennen Sie immer daran, dass Ihre Kunden aus tiefstem Herzen „ganz genau" sagen.
Wenn Sie in dieser Situation – auf einen Kundeneinwand – anteilnehmend reagieren, dann passiert bei Ihrer Kundin folgendes:

1. Sie spürt, dass Sie Ihre **Gefühlslage ernst nehmen.**
2. Sie leitet daraus ab, dass Ihnen die **Kundenbedürfnisse wichtig sind.**
3. Sie **vertraut Ihnen** sehr viel schneller als sonst.
4. Und **Sie werden als sympathischer Mensch** wahrgenommen, der echtes Interesse zeigt.

Sie können die besten Argumente der Welt für Ihr Produkt haben, wenn Sie nach einem Kundeneinwand nicht anteilnehmend antworten, dann bleiben die Schutzfunktionen des Kundenhirns länger aktiviert als nötig. Und Sie brauchen mehr Zeit und Energie, um die Kundin zu überzeugen. Wenn es überhaupt gelingt.

Unterschätzen Sie also niemals die Gefühlslage Ihrer Kunden.
Ihr Umgang damit entscheidet, wie weit Sie beim Kunden kommen werden.

Technik 2: Pfeile im Argumentationsköcher (Fakten)

Definition:
Mit Tatsachen und Fakten auf Einwände des Kunden eingehen oder aber Kundeneinwände entkräften.
Dies setzt einen gewissen Fundus an Geschichten voraus, die Sie mit relevanten Fakten für Ihr Verkaufsgespräch ausstatten.
Immer mit der Technik ARF verknüpfen!

Zielsetzung, die Sie mit dieser Technik verfolgen:
Gute Verkäufer haben in jeder Situation eine Lösung, um dem Kunden deutlich zu machen, dass die Angebote für den Kunden einen hohen Nutzen haben.

Dazu haben sie viele **Pfeile im Argumentationsköcher**; diese Pfeile können ganz unterschiedlicher Herkunft sein:

- Alleinstellungsmerkmale (USPs):
- USP der Firma
- USP der Produkte/Dienstleistungen
- Herausragender Service
- Preis/Leistung

Wir haben gesehen, dass viele dieser Pfeile wichtig, jedoch nicht für jeden Kunden relevant sind, d.h. wir brauchen auch noch **psychologisch wirksame Mechanismen**, um die meisten Kunden wirklich (emotional) zu überzeugen.

Aus Firmengeschichten (Gründerstories) können z.B. sehr interessante Geschichten entwickelt werden, denken Sie an Steve Jobs oder Elon Musk. Was gibt Ihre Firmengeschichte an Emotionen her?

Psychologische Pfeile im Köcher:

Besonders zielführend sind hier Erfahrungen, die Sie mit Kunden gemacht haben, die eine ähnliche Situation haben, wie der Kunde, der gerade vor Ihnen sitzt.

Gute Verkäufer erzählen Geschichten, und **zwar Erfolgsgeschichten von Kunden für Kunden.** Das können durchaus kurze Geschichten sein, die dem Kunden zeigen, wie Sie mit anderen Kunden gearbeitet haben, und vor allen Dingen, **was Sie als Verkäufer dazu an Hilfestellung gegeben haben, um den Erfolg sicherzustellen.**

Diese Hilfe stellen Sie dem Kunden natürlich auch in Aussicht.

Ausgangssituation und Beispiel:

Stellen Sie sich vor, Sie machen einer Kundin im Einzelhandel einen Vorschlag für eine Promotion in Ihrem Outlet.

Die Kundin begegnet diesem Vorschlag mit einer klassischen Killerphrase. Argumentieren Sie bitte auch hier nicht sofort dagegen, wenn die Kunden Einwände haben, sondern nutzen die auf den vorhergehenden Seiten beschriebene anteilnehmende Rückformulierung (ARF) als Brücke.

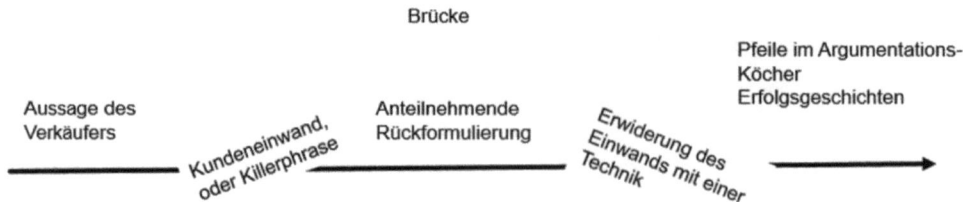

Kundin:
Das kann bei mir so nicht funktionieren!

Verkäufer (ARF):
Ich höre, Sie sind noch unsicher, ob das für Ihre Kunden das richtige Angebot ist.

Kundin:
Ja, ganz genau, in unserem Umfeld und bei unseren Kunden wird das so nicht gehen.

Verkäufer (Technik, Fakten):
Darf ich Ihnen mal zeigen, wie sehr ähnliche Kunden, mit einem identischen Umfeld, durch diese Art von Promotion den Umsatz deutlich erhöht haben?

Kundin: (wird sich das jetzt zumindest anhören)
o.k., schießen Sie los

Verkäufer (Pfeil im Köcher, Erfolgsgeschichte):
Dann erzählen Sie Ihre Erfolgsgeschichte.

Wie entwickle ich Erfolgsgeschichten? Eine weitere Aufgabe für Sie:
In der Regel hat jeder Verkäufer verschiedene Kundentypen, die man in Kategorien einteilen kann. (vielleicht 5 oder 6 Kategorien; überlegen Sie, wie viele Sie haben)

Und innerhalb jeder Kategorie hat man meist einen „Topkunden", der fast alles mit Ihnen macht, und einen „Problemkunden", der sehr schwer zu knacken ist.
Das Potenzial dieser Kunden ist identisch, Ihr Problemkunde könnte genauso erfolgreich sein, wie Ihr Topkunde.

Beschreiben Sie qualitativ und quantitativ genau, was Ihre Topkunden anders machen als Ihre Problemkunden.

Am Ende haben Sie 5-6 Kundenkategorien und mindestens 1 Geschichte pro Kategorie.

Beispiele für einige relevante Erfolgsfaktoren aus dem Apothekenvertrieb:
- Lage der Apotheke (für die Kategorie wichtig)
- Aufbau des Ladenlokals (heißt in der Apotheke Offizin)
- Platzierungen (Doppelplatzierung, Sichtwahl (hinter dem Personal, Freiwahl, freier Zugriff des Kunden, z.B. Kosmetika)
- Kommunikation zwischen Einkauf (Back-Office) und Verkäufern
- Nutzung der Kassenplätze (z.B. für Zweitplatzierungen)
- Durchführung von Aktionen und Promotions
- Nutzung von Schulungsmaßnahmen
- Einstellung und Wissen des Teams zu Ihren Produkten
- Aktive Empfehlungen Ihrer Produkte durch das Team

Beschreiben Sie exakt, was den Topkunden in den erfolgsrelevanten Dimensionen auszeichnet und warum er erfolgreich ist.

Achten Sie darauf, dass Sie den Kunden, deren Potenzial Sie heben wollen, immer Ihre Hilfe anbieten und Ihnen aufzeigen, wie Sie genau sein individuelles Potenzial, wie bei Ihrem Topkunden, gemeinsam ausschöpfen können.

Sie müssen dafür den Namen des Topkunden nicht nennen, manchmal ist das schädlich, manchmal hilft es Ihnen, dass weiß jedoch niemand besser als Sie selber.

Warum sind Erfolgsgeschichten - aus Sicht der Hirnforschung – im Verkauf so wichtig?

Wir haben gesehen, dass wir Menschen uns an den Handlungen anderer orientieren, der soziale Beweis also für uns sehr wichtig ist. **Es gibt uns Sicherheit, zu wissen, dass andere Menschen ähnliche Erfahrungen gemacht haben, wie wir.**

Denken Sie an den oben beschriebenen Marktplatz und die beiden Restaurants (eines leer, eines halbvoll), in welches gehen Sie?

Der soziale Beweis trägt unter anderem dazu bei, dass die rationalen Funktionen zurückgefahren werden, vor allem die emotionalen Zentren (Sicherheit und Angstdetektoren) werden beruhigt.

Die vor allem emotional bedingte Logik dahinter ist folgende:

Wenn andere diese Erfahrungen gemacht haben oder machen, kann es ja für mich ebenso nicht schlecht sein.

Ein weiterer Effekt kommt hinzu: Sie bieten aktiv Ihre Hilfe an und Sie bieten eine über das „normale" Verkaufen hinausgehende beratende Hilfe an. Dies stärkt Ihre Kompetenz und Ihre Autorität, die Sie vor allen Dingen bei schwierigen Kunden benötigen.

Technik 3: Phantasie und innere Bilder:

Definition:
Man malt ein Bild einer möglichen Zukunft und regt damit die Phantasie des Kunden an.

Es gibt 2 mögliche Varianten:
- Ein positives Bild wird gezeichnet
- Ein negatives Bild wird gezeichnet

Zielsetzung, die Sie mit dieser Technik verfolgen:

Sie erinnern sich, der Mensch ist einerseits denkfaul, weil unser Gehirn so viel Energie verbraucht (2% der Körpermasse verbrauchen > 20 % der Energie), andererseits ist die Sprache evolutionär eine recht neue Erfindung, es gelingt uns viel besser in Bildern zu denken. (Sie sagen in der Tat mehr als 1000 Worte)

Bei negativen Bildern ist zu berücksichtigen, dass Verluste doppelt so schwer wiegen wie Gewinne. Wir haben eine hohe Verlust-Aversion.

Wenn Sie also Ihre Kommunikation verbessern wollen, dann nutzen Sie diese Technik vermehrt.

Ausgangssituation und Beispiel für ein negatives Bild:

Sie wollen einem Kunden im Einzelhandel eine Zweitplatzierung verkaufen. Argumentieren Sie bitte auch hier nicht sofort dagegen, wenn die Kunden Einwände haben, sondern nutzen die auf den vorhergehenden Seiten beschriebene anteilnehmende Rückformulierung (ARF) als Brücke.

Kunde:
Eine Sonderplatzierung kann ich mir nicht vorstellen! Das ist für mich kein Thema!

Verkäufer (ARF):
Ich sehe, dass ich Sie noch nicht überzeugt habe!

Alternativ:
Ich merke, Sie haben Zweifel, ob das überhaupt funktionieren kann.

Kundin:
Ja, ganz genau, bei unseren Kunden wird das so nicht gehen

Verkäufer (negatives Phantasiebild):
Stellen Sie sich mal vor, der Kunde hat unsere Werbung gesehen, kommt in Ihr Geschäft und findet die Ware dann nicht. Dann machen Sie diesen Umsatz nicht. Und verlieren den Kunden ggf. ans „Internet".

Auch hier sollte jetzt eine Erfolgsgeschichte kommen, die Sie aus Ihrem Fundus erzählen können.

Verkäufer: (Erfolgsgeschichte)
Fakt ist, dass ich Kunden habe, die sehr ähnlich gedacht haben, wie Sie, und die sind mir heute dankbar, dass wir jetzt regelmäßig Sonderplatzierungen durchführen, weil wir unseren Umsatz damit verdoppelt haben. Wenn Sie wollen, erkläre ich Ihnen im Detail, was wir gemacht haben und zeige Ihnen die Erfolgsfaktoren.

Eine weitere Aufgabe für Sie:
Überlegen Sie, wie Sie diese Technik mit einem positiven Bild nutzen können?

Warum sind Phantasiebilder - aus Sicht der Hirnforschung – im Verkauf so wichtig?
Je einfacher Sie es dem Kunden machen, Ihnen zuzuhören, umso leichter gewinnen Sie die Aufmerksamkeit des Kunden.
Eine klare bildhafte Kommunikation, bei dem sich das Kundenhirn nicht so sehr anstrengen muss, ist fast schon eine generische Voraussetzung für Erfolg.

Wer nicht klar sagen kann, was getan werden soll, der wird den Kunden nicht erreichen.
Die erste Voraussetzung im Gespräch – mehr als nur oberflächlich angehört zu werden – ist damit nicht erfüllt.

Wie können wir erwarten, dass die Schutzfunktionen des Gehirns sich im weiteren Verlauf beruhigen, wenn der Kunde unsere Botschaft erst entschlüsseln muss.

Technik 4: Rationale oder scheinrationale Schlussfolgerungen

Definition: Rationale oder Scheinrationale:
Man stellt einen logischen Zusammenhang zwischen zwei Aussagen her. Dieser Zusammenhang muss nicht zwingend existieren, kann aber existieren.
Er dient dazu, eine Antwort zu haben, und – nach einem Einwand des Kunden – das Heft wieder in die Hände zu bekommen.
Immer mit ARF verknüpfen!

Zielsetzung, die Sie mit dieser Technik verfolgen:
Diese Technik ist hauptsächlich dafür gedacht, nach einem Kundeneinwand nicht sprachlos nicken zu müssen, sondern Ihnen dabei zu helfen, schnell Ihren roten Faden im Verkaufsgespräch wieder zu finden.
Es hilft Ihnen, Kompetenz und Autorität zu behalten, die unverzichtbar sind, wenn Sie im Verkaufsgespräch zu einem erfolgreichen Abschluss kommen wollen.

Ausgangssituation und Beispiel:
Sie machen einem Kunden ein Angebot für ein Produkt in einem höheren Preissegment.
Argumentieren Sie bitte auch hier nicht sofort dagegen, wenn die Kunden Einwände haben, sondern nutzen die auf den vorhergehenden Seiten beschriebene anteilnehmende Rückformulierung (ARF) als Brücke.

Kunde:
Bei uns kaufen die Kunden nur billig, billig!

Verkäufer (ARF):
Ich sehe, Sie sind in einem schwierigen Umfeld.

Kunde:
Ja, genauso ist das!

Verkäufer (Rationale oder Scheinrationale):
Je schlechter eine höherpreisige Produktkategorie, die Ihren Deckungsbeitrag erhöht, bei Ihnen läuft, desto dringlicher wird es, dafür etwas zu tun.

Jetzt sollte dann wieder eine Geschichte kommen:
Darf ich Ihnen mal zeigen, wie es uns bei einem Kunden mit ähnlicher Konstellation gelungen ist, den kleinen Anteil der Konsumenten, die hochpreisige Produkte haben wollen, anzusprechen und mehr als zu verdoppeln.

Meine Aufgabe für Sie:
Entwickeln Sie mehrere rationale oder scheinrationale Geschichten für Ihre Situation.

Warum sind rationale oder scheinrationale Geschichten - aus Sicht der Hirnforschung – im Verkauf so wichtig?

Da Sie immer eine Antwort haben, die dann auch nachvollziehbar ist, stärken Sie Ihre Autorität ungemein. Der Kunde sagt, o.k., der weiß, wovon er spricht. Egal in welcher Phase Ihnen Einwände und Killerphrasen begegnen, Sie zeigen dem Kunden mit dieser Vorgehensweise, dass Sie kompetent und vertrauenswürdig sind.
Die Sicherheitsdetektoren im Hirn werden beruhigt, die Hürden für den weiteren Verlauf des Gespräches werden geringer. Der Kunde entspannt sich und das Vertrauen wird gestärkt.

Technik 5: das Geschäft abschließen, den Sack zumachen

Beim Thema Abschlusstechniken höre ich von vielen Menschen immer wieder die Sorge, dass man in dieser Phase zu weit gehen kann und der Kunde uns dann dafür abstraft und eben doch nicht kauft.
Nach meiner Erfahrung sind die meisten Verkäufer in der Regel beim Abschluss zu defensiv.
Eine offensivere Vorgehensweise setzt allerdings auch entsprechende Methoden voraus.

Mit Methoden des Hard-Selling zu arbeiten, bei dem die Kunden in den verkäuferischen Schwitzkasten genommen werden, ist m.E. langfristig nicht zielführend. Von den besten Verkäufern habe ich eine ganz andere Vorgehensweise gelernt und ich empfehle Ihnen, diese auch anzuwenden.

Denken Sie an den sich langsam öffnenden Kunden und an die aktivierten Sicherheitsmechanismen:
Gute Verkäufer schaffen es, dass
- das Arbeitsgedächtnis und alle **rational kognitiven Funktionen** beruhigt werden.
- **die Sicherheitsdetektoren- und Angstspeicher** zur Ruhe kommen.
- das **Organisationsorgan unseres Gedächtnisses** positiv beeinflusst wird.

Deshalb sind Top-Verkäufer die besten Zustimmungs- und Einwilligungsprofis.

Aus Sicht der Hirnforschung ist eines ganz klar:
Wenn man das Verkaufen von Anfang bis Ende wirklich beherrscht, dann ist ein erfolgreicher Abschluss eine Resultante eines durchdachten Prozesses, der die Bedürfnisse der beteiligten Menschen berücksichtigt.

Auch, wenn Sie bis zur Abschlussphase sehr Vieles richtig gemacht haben, werden die Sicherheitsdetektoren noch einmal kurzfristig stärker aktiviert.

Die Abschlussphase ist eine Phase, in der bei Ihren Kunden die Unsicherheit noch einmal aufflackert. (Bei Verkäufern im Übrigen auch)
Deshalb müssen wir hier dem Kunden besondere Sicherheit geben.

Es geht hier weniger um Techniken, als um die richtige Anwendung sozialpsychologischen und neurowissenschaftlichen Wissens, wie man also Menschen als Verkäufer in Entscheidungsphasen zur Seite steht.

Eine gute Verkäuferin **sollte zu diesem Zeitpunkt bereits den Kunden „entschlüsselt" haben** und genau wissen, was er braucht und dies dann auch mit dem Brustton der Überzeugung anbieten.

Meine Tipps für Sie:
- Fassen Sie die wichtigsten Punkte Ihres Gespräches noch einmal zusammen.
- Geben Sie dem Kunden die Sicherheit, in dem Sie Ihn bestätigen, die richtige Entscheidung getroffen zu haben.
- In dieser Phase müssen Sie als Verkäufer selber voller Zuversicht sein und dies auch ausstrahlen.
- Machen Sie deutlich, was auf den Kunden zukommt und wo er selber agieren muss. (Commitment des Kunden)

6.5.2 Nützliche Hilfstechniken, die Sie im Spiel halten

Nutzen Sie einige nützliche Brückenwörter, die Ihnen helfen können, sich aus möglichen schwierigen Situationen zu befreien.

Wir schauen uns Situationen an, bei denen Ihnen folgender technischer Einsatz dieser folgenden Worte helfen kann.

Hilfstechnik 1: nur
Ausgangssituation und Beispiel:
Sie haben das Ziel, dem Kunden ein Display mit relativ hohen Mengen zu verkaufen.

Kunde:
Das sind ja recht hohe Mengen

Verkäufer (ARF):
Ich sehe, Sie haben noch Zweifel, ob Sie das hier in Ihrem Geschäft verkaufen können.

<u>Kunde:</u>
Ja, genauso ist das!

<u>Verkäufer (nur):</u>
Um Ihnen nicht eine unangemessene Menge zu verkaufen, habe ich Ihnen **nur** das Display xy aufgeschrieben

Jetzt sollte dann wieder eine Geschichte kommen:
Darf ich Ihnen mal zeigen, wie es uns bei einem Kunden mit ähnlicher Konstellation gelungen ist, durch die Platzierung des Displays eine deutliche Abverkaufssteigerung des Produkts xy zu erreichen.

Warum ist das - aus Sicht der Hirnforschung – im Verkauf so wichtig?
Sie können durch diese sprachliche Wendung den Druck aus der Situation herausnehmen.

Wenn Sie darüber hinaus ein hohes Maß an Überzeugungskraft ausstrahlen, dann gibt das dem Kunden Sicherheit und beruhigt die kritischen Hirnbereiche.

Wichtig ist jedoch, dass Sie sich dabei absolut wohlfühlen. Hegen Sie hier nur den geringsten Zweifel, geht das Ganze nach hinten los.

Hilfstechnik 2: gerade, weil
Ausgangssituation und Beispiel: Sie verkaufen eine Softwarelösung zu einem hohen Preis.

<u>Kunde:</u>
Dieses Angebot ist ja richtig teuer.

Verkäufer (ARF):
Ich sehe, Sie haben noch Zweifel, ob unser Service diesen Preis wert ist.

Kunde:
Ja, genauso ist das!

Verkäufer (gerade, weil):
Gerade, weil dieses Angebot einen höheren Preis hat (teuer ist), (bekommen Sie die beste Leistung, die es am Markt gibt)
Ich kann Ihnen den bestmöglichen Service anbieten, den Sie sich vorstellen können. Sie werden niemals mit Problemen alleine gelassen.

Jetzt sollte dann wieder eine Geschichte kommen.
Darf ich Ihnen mal zeigen, wie es uns bei einem Kunden mit ähnlicher Konstellation gelungen ist, seine Ausfallzeiten durch unsere Softwarelösung deutlich zu verringern.

Warum ist das - aus Sicht der Hirnforschung – im Verkauf so wichtig?
Sie zeigen Stärke, Kompetenz und Autorität, gerade weil Sie hier nicht anfangen, eine Verteidigungshaltung einzunehmen, sondern offensiv zu dem stehen, dass Sie gerade vorgebracht haben.

Das Hirn Ihres Kunden nimmt Inkonsistenzen in der Kommunikation (Zögern und/oder Zeichen von Verlegenheit) als Anzeichen dafür, dass man Ihnen nicht zu 100 % vertrauen kann. Eine schnelle und überzeugende Reaktion durch Techniken gibt dem Kunden Sicherheit, die in jeder Phase des Verkaufsgespräches notwendig ist.

6.5.3 Kommunikative Hygiene im Verkaufsgespräch

Hygienevorschlag 1, die „Ja-aber-Gewohnheit" überkommen:
Im Situationen, in denen wir scheinbar oder wirklich Widerstand unseres Gegenübers spüren, neigen wir dazu, sehr schnell mit den beiden Wörtchen „Ja, aber" oder lediglich mit einem „aber" den Antwortsatz einzuleiten.

Wie wirken diese beiden nächsten Sätze auf Sie?
Lesen Sie sich die Sätze laut vor:

Satz 1:
Michael ist ein angenehmer Gesprächspartner, intelligent, witzig und freundlich, **aber** er trägt Cordhosen.
Satz 2:
Michael ist ein angenehmer Gesprächspartner, intelligent, witzig und freundlich **und** er trägt Cordhosen.

Das „aber" in Satz 1 wertet Michael ab, von der netten Person im ersten Halbsatz bleibt zu wenig übrig.
Allein durch das Wort „und" im zweiten Satz wird das Tragen von Cordhosen von einem Makel zu einer neutralen Angelegenheit.

Noch ein Beispiel:
Kunde: Ich habe jetzt 600 Stück bestellt, der Rabatt ist immer noch zu gering
Verkäufer: Ja, **aber,** Sie haben schon 23% erreicht, wenn Sie jetzt noch 100 Stück bestellen, bekommen Sie………….
oder
Verkäufer: Ja, **und** Sie haben schon 23% erreicht, wenn Sie jetzt noch 100 Stück bestellen, bekommen Sie………….

Welche Formulierungen werden Sie im weiteren Verlauf des Gespräches wohl weiterbringen?

Meine Tipps für Sie:

- Achten Sie bei Ihrer Kommunikation (auch im Privatleben) unbedingt darauf, das Wörtchen „aber" oder „ja, aber" sparsam zu benutzen.
- Sie werten durch die Verwendung die Person ab, die einen aus Ihrer Sicht berechtigen Einwand hat.
- Ersetzen Sie – wo immer möglich – „aber" durch „und".

Warum die Vermeidung von „aber" und „Ja, aber" - aus Sicht der Hirnforschung – im Verkauf so wichtig ist?
Mit „aber" bauen Sie eine Hürde auf und Sie werten die Aussagen Ihres Gegenübers in der Regel ab.
Zusätzliche, selbstgeschaffene Hürden können wir nicht gebrauchen; die Verkaufssituation selber ist dafür schon komplex genug.

Der Kunde merkt unbewusst oder sogar bewusst, dass Sie Ihn mit dem Wort „aber" korrigieren. „Aber" setzt den Gesprächspartner leicht ins Unrecht. Damit wird es schwieriger, die Aufmerksamkeit und das Good-Will des Kunden so schnell wie möglich zu bekommen.

Hygienevorschlag 2, Worthülsen vermeiden:
Zu sprachlichen Hygienemängeln gehören ebenso Worthülsen und Füllwörter, die eine sehr breite Verwendung finden.

Einige Beispiele:

irgendwie"	Beispiel: "Als er mich besuchte, fand ich das **irgendwie** komisch."
"an und für sich"	Beispiel: "Eine Zweitplatzierung ist **an und für sich** etwas Gutes."
"halt"	Beispiel: "Der Vorschlag des Verkäufers war **halt** unwiderstehlich"
"wirklich"	Beispiel: "Das Spiel war **wirklich** klasse!"

"und so weiter"	Beispiel: "Es gab ein paar Informationen und **so weiter**"
"im Endeffekt"	Beispiel: "Das ist **im Endeffekt** nicht durchführbar"
" hier"	Beispiel: "Das müssen wir **hier** bei uns nicht machen"
"eigentlich"	Beispiel: "Ich fand es **eigentlich** ganz gut"
"natürlich"	Beispiel: "Das hat mir **natürlich** ganz besonders gut gefallen.

Meine Praxis-Tipps für Sie:

- Viele dieser Wörter benutzen wir unbewusst, deshalb merken wir es nicht.
- Wenn Sie jemanden haben, der bei Ihrer Kommunikation auf Ihre Neigungen, diese Worte zu benutzen, achtet, und Sie ungestraft darauf aufmerksam machen darf, sind Sie einen Schritt weiter.
- Achten Sie bei Ihrer Kommunikation (auch im Privatleben) auch selber bewusst darauf, ob Sie einige der obigen Worthülsen regelmäßig benutzen.

Warum ist das Weglassen von Worthülsen - aus Sicht der Hirnforschung – im Verkauf so wichtig?

Sie erinnern sich: unser Gehirn und das Ihres Kunden schätzt Einfachheit und Präzision.

Ihre Kommunikation wird klarer, wenn Sie Ihre unbewusste Neigung zur Verwendung dieser Wörter in den Griff bekommen.

Menschen, die sich klar ausdrücken sind uns erwiesenermaßen sympathischer und wirken kompetenter. Die Botschaften werden besser erinnert. In Zeiten der Informationsüberflutung ist dies ein nicht zu unterschätzender Vorteil.

Hygienevorschlag 3, die Macht des Schweigens nutzen:

Nach meiner Erfahrung wird in Verkaufsgesprächen viel zu wenig nach einer
Frage (wenn Sie denn überhaupt gestellt
werden) auf die Antwort des Kunden ge-
wartet, sondern die Verkäufer sind zu un-
geduldig und geben oft die Antwort selber

> Zuhören und pausie-
> ren, anstatt zumüllen
> und posieren.

oder „senden" einfach weiter, wenn keine unmittelbare Antwort des Kunden kommt.

Dies wird sehr oft aus einer gewissen Verunsicherung heraus gemacht,
denn ein paar Sekunden Stille nach einer Frage, sind sehr schwer auszu-
halten. Es bedarf dazu einer gewissen schauspielerischen Disziplin.

Wir sollten uns das Schweigen nach einer Frage angewöhnen, weil

- die Gefahr, dass der Kunde sich überrannt fühlt, minimiert wird.
- wir wichtige Informationen gewinnen; wir geben dem Kunden Zeit zum
  Nachdenken.
- wir uns damit von 95% der Verkäufer abgrenzen, die das Schweigen
  nicht aushalten können.

Schweigen ist Gold

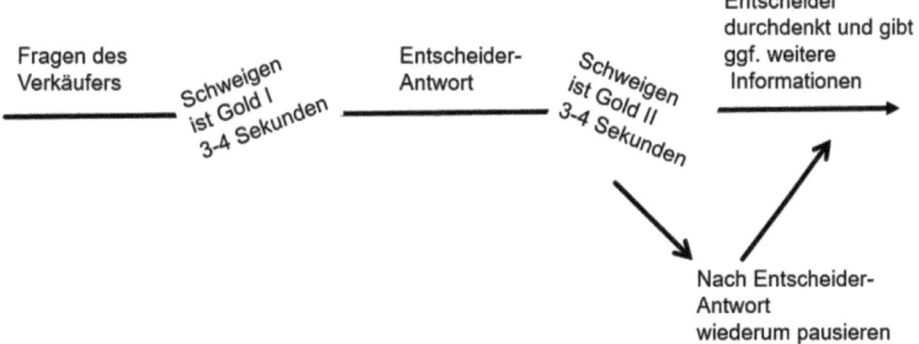

115

Meine Praxis-Tipps für Sie:

- Machen Sie bewusste Pausen von 3-4 Sekunden, insbesondere, wenn Sie Fragen gestellt haben.
- Geben Sie Ihrem Gesprächspartner genügend Zeit für die Antwort.
- Unterbrechen Sie die Ausführungen Ihres Kunden niemals.
- Üben Sie die Macht der Stille so oft wie möglich, auch in Ihren privaten Gesprächen.

Warum ist die „Macht des Schweigens" - aus Sicht der Hirnforschung – im Verkauf so wichtig?

Wie wir gesehen haben, sind die Sicherheitssysteme im Verkaufsgespräch aktiviert. An die Wand geredet zu werden, lässt die Sicherheitssensoren im Kopf des Kunden weiter hochaktiv laufen.

Der Kunde bekommt durch die Macht des Schweigens ein angenehmes Gefühl, er fühlt sich nicht unter Druck gesetzt, öffnet sich und ist somit schneller bereit, sich auf uns einzulassen.

6.6 Checkliste für eine schnelle Prüfung des Status Quo

Im Verkaufsprozess kommt es – neben der entsprechenden Haltung – insbesondere darauf an, schnell und angemessen zu reagieren.
Dafür benötigen wir viel Übung und ein Arsenal an Werkzeugen, die wir im Verlaufe von Gesprächen zur Verfügung haben sollten.

Entnehmen Sie der folgenden Checkliste, die Punkte, auf die Sie in jedem Fall achten sollten:

- Sammeln Sie so viele **Pfeile für den Argumentationsköcher**, wie möglich.
- Überlegen Sie **das Timing Ihres Arsenals**: Üben Sie so oft wie möglich, bis Sie sich sicher sind, welche Pfeile Sie wann einsetzen.
- Widerstehen Sie der **Versuchung zu viele Pfeile** auf einmal abzuschießen.
- Ein wesentlicher Teil Ihres Pfeilarsenals sind Erfolgsgeschichten von Kunden für Kunden.
- Entwickeln Sie **mindestens 5-6 Erfolgsgeschichten.**
- Sie können jedoch auch über Ihren Firmen-USP oder die Firmengeschichte **spannende Geschichten entwickeln**, mit denen sich Ihr Kunde identifizieren kann.
- Identifizieren Sie, ob **Ihr Kunde wirklich ein Problem hat**, d.h., gibt es einen Leidensdruck? Wie können Sie helfen?
- Wie setzen sich die Eigenschaften und Vorteile Ihrer Produkte in einen **nachvollziehbaren Nutzen** für die Kunden um. **(EVN-Übung)**
- Setzen Sie Ihre Argumente **in eine nutzenorientierte Sprache um**, d.h., was bringt Ihr Angebot dem Kunden auf der geschäftlichen und persönlich/psychologischen Ebene, um das Problem zu lösen?
- Finden Sie heraus, **was Ihren Kunden für eine Zusammenarbeit mit einem Anbieter besonders wichtig** ist.
- Führen Sie auf, was Sie leisten können und arbeiten Sie heraus, was bei Ihnen anders ist als bei allen anderen.
- Womit können Sie Ihre **Kunden begeistern und zum Fan machen?**

7. Resümee

Gute Verkäufer sind Zustimmungs- und Einwilligungsprofis, die Kundenprojekte als Joint Venture sehen und besonderes Augenmerk darauflegen, dass die Verkaufsergebnisse langfristig beiden Parteien nutzen.
Nur dann kommen nachhaltige Kundenbeziehungen zustande, die belastbar sind und die dazu führen, dass Kunden und Verkäufer eine ausgeglichene Entwicklung nehmen, also gemeinsam wachsen.

Wir haben gesehen, wie wichtig das Verständnis um die Funktion unseres Hirns für menschliche Kommunikations- und Austauschprozesse ist.
Durch ein besseres Verständnis der allgemeingültigen Verhaltensprogramme, die wir Menschen haben, lassen sich unnötige Konflikt bereits im Vorfeld eines Austausches vermeiden.
Dabei sind diese Aspekte allgemeingültig, der Verkaufsprozess ist hier nur ein Sonderfall, der die generelle Gültigkeit auf Erfolge im Vertrieb anwendet.

Wenn Sie die in diesem Buch aufgeführte Prinzipien befolgen, werden Sie ein besserer Kommunikator. Sie können die grundlegenden Vorgehensweisen dieses Buches allgemein für die Verbesserung Ihrer Kommunikation nutzen. Sie werden auch mit schwierigen Kunden besser zurechtkommen und mehr Erfolge erzielen.

Auch privat wird Ihnen die gehirngerechte Kommunikation helfen.
Wenn Sie im nächsten Jahr mit Ihrem Partner darüber diskutieren, wohin es im nächsten Urlaub gehen soll, so werden Sie feststellen, dass die Nutzung der Vorgehensweisen dieses Buches Ihnen helfen werden.

Nicht dabei, Ihren Willen durchzusetzen, sondern, eine Lösung zu finden, die beiden Parteien gerecht wird**, bei dem beide Parteien sich gut fühlen und das Gefühl haben, ja, das ist eine richtig gute Lösung und kein Kompromiss. Wir haben beide gewonnen.**

Definition einiger neurowissenschaftlicher Fachbegriffe

Für wissenschaftlich interessierte Menschen habe ich auf den folgenden Seiten einige Fachbegriffe definiert. Die Aussagen basieren im Wesentlichen auf den Werken von Professor Roth. (Siehe die Buchempfehlungen in der Literaturliste)

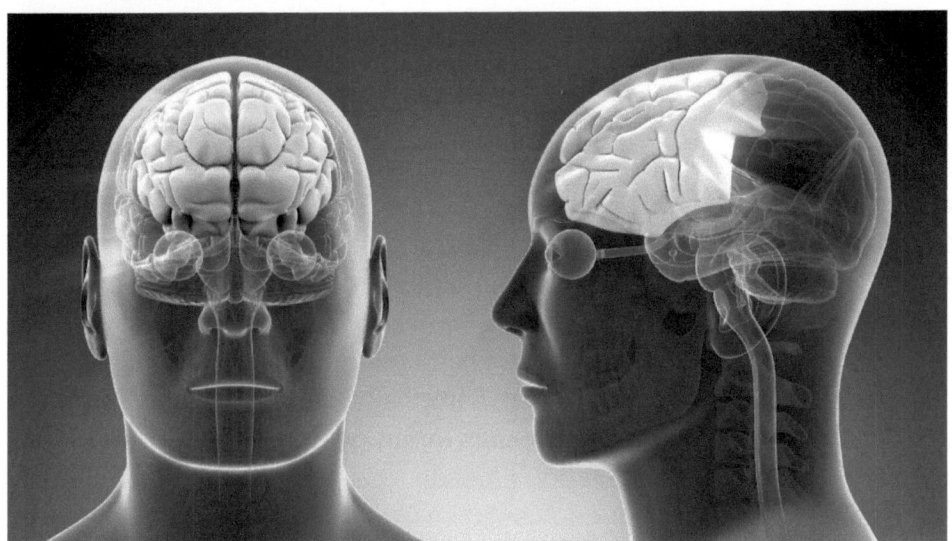

Gehirn
Das Organ, in dem die über die Sinnesorgane aufgenommenen Informationen aus der Außenwelt verarbeitet und zu Eindrücken aufbereitet werden. Das menschliche Gehirn wiegt nur ca. 1,5 Kg, verbraucht aber ca. 20% der gesamten Energie.

Limbisches System
Das Limbische System ist eine Funktionseinheit des Gehirns, die der Verarbeitung von Emotionen und der Entstehung von Triebverhalten dient. Dem Limbischen System werden auch intellektuelle Leistungen zugesprochen. Die Sichtweise, bestimmte Funktionen (wie die Triebe) nur auf das Limbische System zu beziehen und als vom Rest des Gehirns funktionell

abgegrenzt zu betrachten, gilt heute als veraltet. Andere Strukturen des Gehirns üben einen enormen Einfluss auf das limbische System aus. Die Entstehung von Emotion und Triebverhalten muss also immer als Zusammenspiel vieler Gehirnanteile gesehen werden und darf nicht dem Limbischen System allein zugesprochen werden. Das Limbische System ist auch für die Ausschüttung von Endorphinen und körpereigenen Morphinen verantwortlich. Im Wesentlichen besteht das limbische System aus 2 Bereichen: Dem Hippocampus und dem Mandelkern. (Amygdala)

Hippocampus

Der Hippocampus ist ein Bestandteil des Gehirns und zählt zu seinen evolutionär ältesten Strukturen. Er ist eine zentrale Schaltstation des limbischen Systems. Im Gegensatz zu einem weit verbreiteten Irrtum Sieht der Hippocampus beim Menschen nicht wie ein Seepferdchen (lat. Hippocampus) aus. Der Name leitet sich von einem Meeresungeheuer aus der griechischen Mythologie ab, dessen vordere Hälfte (etwa bis zur Hüfte) eines Hippocampus (griechisch: hippos - Pferd, kampos - Seeungeheuer, Wurm) ein Pferd, der hintere Teil ein Fisch ist. Das innen gelegene Ende des Hippocampus ähnelt beim Menschen den Flossen dieses sagenhaften Ungeheuers. Erster Speicherort für neues Wissen im Gehirn ist die so genannte Seepferdchen-Formation, der Hippocampus. Der **Hippocampus** entscheidet darüber, was wir uns merken, spielt als Zwischenspeicher für unser Lernen und Wissen eine besondere Rolle. Er ist eine Art Organisator unseres Wissens.

Kognitiver Konflikt / Dissonanz

Kognitive Dissonanz („Missklang im Erkennen") ist in der Sozialpsychologie eine Theorie, die erklärt, wie durch miteinander unvereinbare Kognitionen – Wahrnehmungen, Gedanken, Meinungen, Einstellungen, Wünsche oder Absichten – innere Konflikte entstehen, die Vermeidungsreaktionen oder andere zur Verminderung dieser Konflikte geeignete Handlungen hervorrufen.

Typischerweise treten kognitive Dissonanzen auf, wenn neu hinzutretende Erkenntnisse der bislang bestehenden eigenen Meinung widersprechen oder Zusatzinformationen eine Entscheidung als falsch entdecken. Das Widerstreben gegen Dissonanzen führt dazu, dass unpassende bzw. unangenehme Neuigkeiten missachtet und passende umso mehr geschätzt werden. Es ist der Wunsch, diesen inneren Konflikt zu beseitigen, der den Menschen dazu treibt, die eigene Meinung zu ändern oder neue Ideen zu entwickeln. So treten zum Beispiel gerade nach der Entscheidung über die Anschaffung eines relativ teuren Gutes oft Zweifel über die Zweckmäßigkeit derselben auf, was zum Suchen weiterer Informationen veranlasst, um so die Dissonanz nachträglich aufzulösen, obwohl diese Informationen hinterher, d.h. nach gefällter Entscheidung, oft keinen praktischen Nutzen mehr haben.

Langzeitgedächtnis

Das Langzeitgedächtnis schließlich ist das dauerhafte Speichersystem des Gehirns. Es handelt sich nicht um ein einheitliches Gebilde, sondern um mehrere Speicherleistungen für verschiedene Arten von Information. Über Begrenzungen der Kapazität und der Verweildauer des Inhalts ist nichts bekannt. Allerdings lassen Studien bei sog. Savants (franz.) oder Inselbegabten eine deutlich höhere Gedächtniskapazität vermuten, als die normal genutzte. Vergessen scheint kein Kapazitätenproblem, sondern ein Schutz vor zu viel Wissen zu sein. Vergessen findet anscheinend weniger durch Informationsverlust wie in den anderen, kurzzeitigen Gedächtnisformen statt, sondern durch Interferenz mit anderen, vorher oder später gelernten Inhalten.

Mandelkern (Amygdala)

Der Mandelkern (Amygdala) ist ein Kerngebiet des Gehirns und ist Teil des Limbischen Systems.
Die Amygdala ist wesentlich an der Entstehung der Angst beteiligt und spielt allgemein eine wichtige Rolle bei der emotionalen Bewertung und Wiedererkennung von Situationen sowie der Analyse möglicher Gefahren: Sie ver-

arbeitet externe Impulse und leitet die vegetativen Reaktionen ein. Eine Zerstörung der Amygdala führt zum Verlust von Furcht- und Aggressionsempfinden und so zum Zusammenbruch der mitunter lebenswichtigen Warn- und Abwehrreaktionen. Forschungsergebnisse deuten darauf hin, dass die Amygdala an der Wahrnehmung jeglicher Form von Erregung, also affekt- oder lustbetonter Empfindungen, einschließlich des Sexualtriebes beteiligt sein könnte.

Neuronales Netz
Neuronale Netze bilden die Struktur und Informationsarchitektur von Gehirn und Nervensystem. Neuronen sind in der Art eines Netzes miteinander verknüpft. Zwischen ihnen findet auf chemischem und elektrischem Weg ein Informationsaustausch statt.

Neuronen
Neuronen sind Nervenzellen (=Gehirnzellen). Sie unterscheiden sich von anderen Zellen dadurch, dass Sie auf die rasche Aufnahme und Weiterleitung von Informationen spezialisiert sind. Im menschlichen Gehirn befinden sich ca. 100 Mrd. Neuronen, nach neueren Schätzungen könnten es sogar 1000 Mrd. sein.

Neurotransmitter
Neurotransmitter sind biochemische Stoffe, welche die Information von einer Nervenzelle zur anderen über die Kontaktstelle der Nervenzellen, der Synapse, weitergeben. In die Synapse einlaufende elektrische Impulse (Aktionspotenziale) veranlassen die Ausschüttung der chemischen Botenstoffe aus ihren Speicherorten, den synaptischen Vesikeln.

Plastizität
Im Allgemeinen beschreibt der Begriff Plastizität das Formänderungsvermögen von Festkörpern. In den Neurowissenschaften beschreibt der Begriff Plastizität die Fähigkeit von Nervenzellen, neue Verbindungen miteinander einzugehen. Plastizität ist die Voraussetzung für Lernen.

Stirnlappen

Der Stirnlappen (Frontallappen) gehört zu den kompliziertesten Abschnitten des Gehirns. Beim Menschen macht er etwa 25% der Gehirnmasse aus. Die Rinde des Stirnlappens umfasst sowohl das prämotorische Gebiet, das mit der Organisation der Bewegungsfunktionen verbunden ist, als auch die präfrontale Rinde, welche die ganzheitliche Organisation der in bestimmten Programmen ablaufenden willkürlichen Tätigkeit des Menschen garantiert.

Synapsen

Synapsen sind Kontaktstellen zwischen Nervenzelle und anderen Zellen (wie Sinnes-Muskel- oder Drüsenzellen).

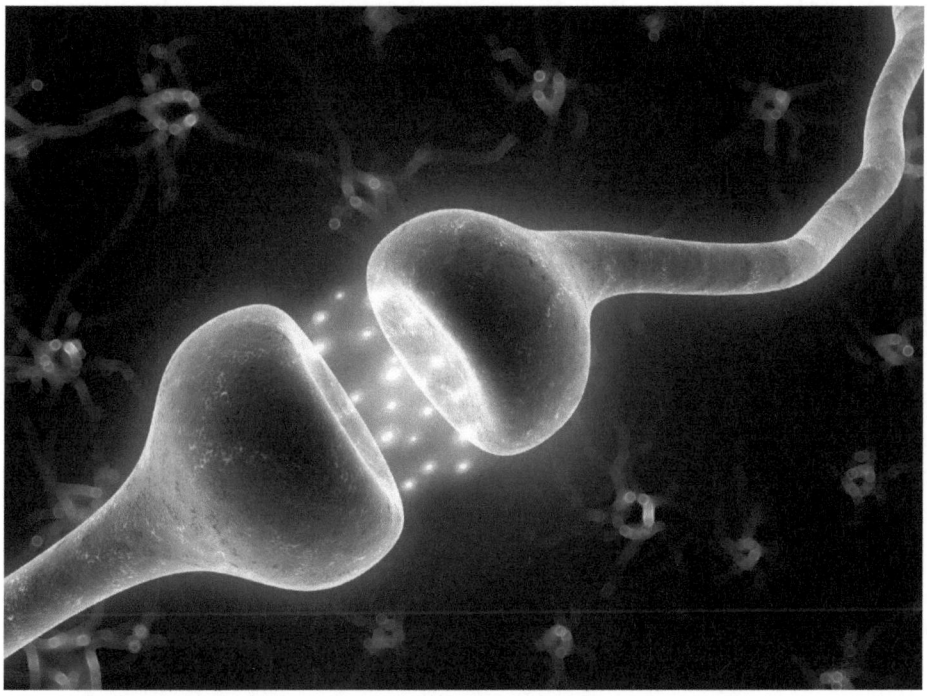

Die wichtigsten Substanzen im Hirn: die besondere Bedeutung für unser Verhalten

Die folgenden Ausführungen zu Neuromodulatoren, Neurohormonen und Neuropeptiden beziehen sich auf Roth und Roth/Strüber.
Die Kommunikation auf neuronaler Ebene findet hauptsächlich mit Hilfe chemischer Substanzen, den Neurotransmittern statt.
Es sind dies Glutamat, GABA, Glycin, Dopamin, Noradrenalin, Serotonin und Acetylcholin.
Die klassischen, lokal wirksamen Transmitter GABA, Glutamat, Glycin haben keine neuromodulatorische Wirkung, sondern sind für die schnelle synaptische Übertragung wichtig.

Dopamin, Noradrenalin, Serotonin und Acetylcolin haben hingegen eine modulierende Wirkung, da Sie andere Neurotransmitter beeinflussen und sowohl lokal als auch weitverbreitet im Gehirn wirksam werden können.
„Die genannten neuromodulatorischen Systeme befinden sich alle außerhalb der Großhirnrinde, d.h. im basalen Vorderhirn und im Hirnstamm, Sie leiten aber über Nervenfasern die genannten Substanzen neben allen Zentren des limbischen Systems in große Bereiche des Cortex weiter und beeinflussen die dort stattfindenden Aktivitäten, d.h. Sie verstärken Sie oder schwächen Sie ab, weiten Sie aus oder verengen Sie.“

Das Verhalten des Menschen - und damit auch menschliche Motivation - wird von diesen Substanzen geprägt, die in verschiedenen Arealen des Gehirns ausgeschüttet werden und die einen wesentlichen Einfluss auf Richtung und Intensität des Verhaltens nehmen.

Im Folgenden wird ein kurzer Überblick über eine Auswahl der Substanzen gegeben. Sie tauchen im Text immer wieder auf (Schwungrad des Erfolges, Belohnungssystem, Emotionssystem, Erinnerungssystem, Entscheidungssystem) und werden in ihrer Wirkung hier kurz dargestellt.

Dopamin

Das Dopamin-System die Grundlage unseres Antriebes und damit auch der Motivation. Die anspornende Bedeutung hat eine Art Aufforderungscharakter im Sinne von „Mache es, probiere es aus!".

Dopamin wird in der Substantia Nigra und im ventral tegmentalen Areal hergestellt. Es wirkt mesocortikal auf den Frontalcortex und mesolimbisch auf die Amygdala und den Nucleus accumbens, sowie auf das motorische System und sorgt dort für Antrieb. (nigrostratales Dopaminsystem)
Eine erhöhte Dopaminkonzentration in den beteiligten Hirnarealen führt zu starker motorischer Unruhe. Zu wenig Dopamin ist begleitet von einer Verlangsamung der Bewegungen (typisch für Patienten mit Parkinson'scher Krankheit)

Dopamin ist einer der wichtigsten Neuromodulatoren, die sicherstellen, dass sich der Mensch „bewegt", d.h., durch die Erwartung einer Belohnung (vermittelt durch die Wirkung auf den Nucleus accumbens und den limbischen Cortex) sein Verhalten auf ein Ziel ausrichtet. Und dieses Ziel dann mit der den Menschen auszeichnenden Neugier und Kreativität bis zu seiner Erreichung auch zu verfolgen.

Bedeutung für unser Verhalten:

Für motivationale Prozesse bedeutet dies, dass ohne Dopamin „nichts geht." Ein motivierender Prozess ist also immer auf eine Belohnungserwartung ausgerichtet, die durch Dopamin vermittelt wird. Es sei denn, es handelt sich um hoch automatisierte Bewegungsabläufe und Gewohnheiten, die fest im System verankert sind und für die es keiner besonderen motivationalen Handlung bedarf.

Oxytocin

Oxytocin ist ein Neuropeptid und löst ein breites Spektrum an Reizen aus, dazu gehören z.B. das Saugen an der mütterlichen Brust, aber ebenso Berührungen der Haut und sexuelle Aktivitäten. Eine weitere Bedeutung hat

Oxytocin auch bei positiven und negativen und sozialen Interaktionen. Oxytocin wird von Nervenzellen im Hypothalamus gebildet.

Von dort gelangt es über Nervenfortsätze in die Hypophyse und dann ins Blut, wo es seine periphere Wirkung entfaltet.

Im Gehirn selber wirkt Oxytocin an den Hirnliquor abgegeben und kann dort eine langanhaltende Wirkung entfalten. Vom Hypothalamus gibt es aber auch direkte Wirkungen auf viele limbische Areale des Gehirns.

Darüber hinaus gibt es vielfältige Wechselwirkungen mit anderen Neuromodulatoren wie Dopamin, Acytylcholin und Serotonin.

Bedeutung für unser Verhalten:
Oxytocin sorgt hauptsächlich dafür, dass von Anfang an eine positive Bindung zwischen Mutter und Kind aufgebaut wird. Dies ist sicherlich eine evolutionär wichtige Eigenschaft, die der Förderung des Nachwuchses und damit dem Überleben der Individuen und damit der Spezies zuträglich ist.

Es gibt eine große Überlappung der Produktions- und Verteilungskreisläufe von Oxytocin und Dopamin. Hohe Oxytocinspiegel und Dopamin beeinflussen sich offensichtlich wechselseitig.

Unter motivationalen Aspekten in sozialen Gruppen ist besonders die Empathie fördernde Eigenschaft und die positiven Effekte auf das positive Verhalten in sozialen Kontexten von Oxytocin besonders zu bemerken.

Hinzu kommt der motivationale Aspekt durch die Auswirkung auf den Dopaminkreislauf.

Ebenso sind die stressreduzierenden Wirkungen von Oxytocin – vermittelt über eine verringerte Cortisolfreisetzung bei hohen Oxytocinwerten in diesem Zusammenhang wichtig.

Die Zusammenarbeit von Individuen in Gruppen und der Einfluss des Oxytocins auf die emotionale Bereitschaft und Fähigkeit, sich kooperativ zu Verhalten, ist aus Sicht des Autors für Lebenszusammenhänge, die unter dem Thema Motivation stehen, besonders zu relevant.

Endogene Opioide

Die endogenen Opioide (Endorphine, Enkephaline, Dynorphine) werden als Neuropeptide klassifiziert, sie sind hirneigen und analgetisch wirksam. Die schmerzhemmende Wirkung ist dabei nicht nur auf körperlichen Schmerz begrenzt, sondern auch seelischer Schmerz, der durch problembehaftete soziale Interaktionen entstehen kann, wird gedämpft.

Während die dopaminergen Zellen für die Motivation aktivierend wirken und Verhalten entsprechend einer Zielsetzung ausrichten sind die endogenen Opioide die eigentlichen Substanzen, die zu einer Belohnung führen und ein Gefühl der Befriedigung auslösen.

Werden Rezeptoren der Schalenregion des Nucleus accumbens oder des ventralen Palladiums angesprochen, dann findet dieser beschriebene befriedigende Prozess statt.

Opioide haben aber gemeinsam mit dem Dopamin durchaus auch eine aktivierende Wirkung in anderen Bereichen des Nucleus accumbens. Das bedeutet, dass die endogenen Opioide sowohl eine aktivierend-motivationale Wirkung als auch eine beruhigend-befriedigende Wirkung haben können. Endogene Opioide werden in einer Vielzahl von Zellen hergestellt, unter anderem auch in der Hypophyse. Die körpereigenen Opiate wirken auf das limbische System, den Cortex und den Hirnstamm, wobei für motivationale Aspekte - insbesondere die Wirkung im limbischen System und auf die limbischen Cortexareale – bedeutsam ist.

Bedeutung für unser Verhalten:

Die endogenen Opioide sind diejenigen Stoffe, die das hauptsächlich Wohlbefinden des Menschen nach dem Erreichen eines Zieles herstellen. Das Wechselspiel zwischen Dopamin als verhaltensleitendem Neuromodulator und Ausrichter des Verhaltens und den endogenen Opioiden als belohnende Substanz sind hier zu beachten.

In diesem Zusammenhang erscheint es dem Autor sehr wichtig, auf die Bedeutung hinzuweisen, die Opioide in der Belohnung sozialen Verhaltens haben.

Ebenso ist die für das Verständnis von motivationalen Prozessen wichtig, dass Opioide nicht singulär das „Mögen" determinieren, sondern im Nucleus accumbens auch das „Wollen" mitbestimmen, somit auch eine aktivierende Rolle annehmen können.

Noradrenalin

Das Noradrenalin hat als Neuromodulator und Hormon eine etwas andere Wirkung als die als „Stresshormon" bekannte Verwandte das Adrenalin, das überwiegend als Hormon bedeutsam ist.

Das Noradrenalin setzt – ausschließlich aufgrund der Neuartigkeit eines Reizes – das Gehirn in einen Bereitschaftsmodus, und zwar unabhängig davon, ob der Reiz positiv oder negativ ist.
Wichtig ist in diesem Zusammenhang die Unterscheidung, ob der Mensch entspannt ist oder müde und/oder gestresst. Bei entspannter Wachsamkeit kommt es zu einer fokussierten Aufmerksamkeit, die eine konzentrierte Beschäftigung mit dem Reiz zulässt.
Jedoch kommt es z.B. bei einer erhöhten Erregung aufgrund von Stress zu einer absuchenden Aufmerksamkeit, die sich von einer konzentrierten Aufgabenbearbeitung ablöst und darauf ausgerichtet ist, ein hohes Maß an Flexibilität des Verhaltens und damit an Optionen sicherzustellen, was für das Individuum in einem stressbehafteten Kontext eine sinnvolle Verhaltensvariabilität ermöglichen kann.

Das Noradrenalin wird im Gehirn als Neuromodulator (Locus coeruleus) freigesetzt, es entsteht aber auch im Nebennierenmark und wird von dort als Hormon ins Blut abgegeben.
Der präfrontale Cortex wird gehemmt, die Amygdala wird aktiviert und auch der Hippocampus wird beeinflusst. Eine schnelle automatisierte Reaktion wird so im Dienste des Überlebens in bedrohlichen Situationen anstelle einer komplexen Antwort begünstigt.
Ein Mangel an Noradrenalin führt zu undifferenzierten Reaktionen und mangelhafter Verhaltensanpassung, eine zu hohe Konzentration zu hoher Erregung, Angst und Aggression.

Bedeutung für unser Verhalten:

Für die zu untersuchende Thematik der Motivation ist Noradrenalin insofern von großer Bedeutung als dass offensichtlich ein hohes Maß an Stress und Belastung des Organismus zu hohen Noradrenalin-Ausschüttungen führt. Dadurch wird ein dem Überlebensmodus angepasstes Verhalten konstelliert, das in unreflektierte Reaktionsmuster führen kann. Ein zielgerichtetes, kontrolliertes Verhalten wird somit deutlich erschwert. Für motivationale Prozesse, z.B. im Arbeitsleben, die auf der durchaus noch gängigen Vorgehensweise „mit Zuckerbrot und Peitsche" (hier eher die Peitsche) beruht, ist dies von enormer Bedeutung in Bezug auf die Aspekte der Leistungs-und Lernfähigkeit.

Serotonin

Das Serotonin ist sowohl Gegenspieler des Noradrenalins als auch des Dopamins. Unter Einwirkung von Serotonin kommt es zu einer Hemmung der Aktivität, es hat eine beruhigende Wirkung und wirkt damit bei Erregungszuständen regulierend. Man könnte die Wirkung folgendermaßen beschreiben: „Es ist gut so, wie es ist!"

Ob der Gesamteffekt des Serotonins erregend oder hemmend ist, hängt wie beim Dopamin aber davon ab, ob der Rezeptor auf glutamatergen Pyramidenzellen oder auf hemmenden Interneuronen angesiedelt ist. Die Zellkörper serotonin-produzierender Neuronen befinden sich in verschiedenen Arealen des Hirnstamms, in den sogenannten Raphe-Kernen.
Das im Gehirn vorhandene Serotonin (Serotonin aus dem Blutkreis überwindet die Blut/Hirnschranke nicht) wird dort hergestellt.
Serotonin wirkt hemmend auf viele Bereiche des Vorderhirns, dies gilt jedoch überwiegend in Situationen, in denen es für das Überleben des Organismus besser ist sich „tot zu stellen", wenn also die Gefahr nicht aktiv bewältigt werden kann.

Schätzt das Individuum hingegen die Situation als beherrschbar ein, ist das Dopamin im Vordergrund und gibt das Signal zu Kampf oder Flucht. Ein Mangel führt zu Schlaflosigkeit, Angstzuständen und kann zu Depressionen führen.

Bedeutung für unser Verhalten:

Im „Normalzustand" führt eine Serotoninausschüttung beim Menschen zu einem Gefühl der Zufriedenheit und der Beruhigung. Für die zu untersuchende Thematik der Motivation ist - offensichtlich ebenso wie beim Neuromodulator Noradrenalin - ein hohes Maß an Stress und Belastung des Organismus von Bedeutung. Dies führt jedoch nicht, wie bei hoher Noradrenalinausschüttung zu ziellosem Verhalten, sondern bei extremem Stress zum Überlebensmodus der absoluten Passivität, also eher der Verhaltensstarre.

Ebenso ist von Bedeutung, dass nicht Aggression als solche gehemmt wird, sondern Impulsivität des Individuums eine Reaktion auszuführen.

Wichtig ist in diesem Zusammenhang auch, dass eine implizite Abwägung stattfindet, ob die Situation beherrschbar ist (hier wird dann über eine anhaltende Dopaminausschüttung im Nucleus accumbens der Kampf oder die Flucht vorbereitet) oder, ob der Kontext als nicht beeinflussbar bewertet wird.

Für eine motivationale Haltung, die zu einer erlebten Selbstwirksamkeit des Individuums führt, ist das Gefühl, „eine Wahl zu haben", anscheinend besonders relevant.

Acetylcholin

Acetylcholin ist sowohl als Neurotransmitter (im peripheren Nervensystem) als auch als Neuromodulator im menschlichen Körper aktiv.

Es existieren nicotinische und muscarinische Rezeptoren im Gehirn, das Gesamtsystem wird auch als cholinerges System bezeichnet.

Acetylcholin bewirkt in erster Linie eine Förderung der Lernleistung, vermittelt durch eine verbesserte Aufmerksamkeit. Das Arbeitsgedächtnis wird positiv beeinflusst, dies geschieht über Fasern des Nucleus basalis, die zum Cortex und zum Septum des Hippocampus führen.

Nicotinisches Acetylcholin wird in den Motorneuronen des Gehirns und im Rückenmark hergestellt, es dient als Übertragungsstoff zwischen Nervensystem und Muskeln.

Muscarinisches Acetylcholin entsteht im basalen Vorderhirn und wirkt hauptsächlich auf die Großhirnrinde und den Hippocampus

Bedeutung für unser Verhalten:

Für das Thema der Motivation des und des darauf aufbauenden Verhaltens folgende Aspekte, die beachtenswert sind:

Acetylcholin lenkt die Aufmerksamkeit des Individuums auf Reize, die im Fokus stehen, verstärkt Verhalten, dass für die aktuelle Umweltsituation vorteilhaft ist und vermindert die Antwort auf Reize, die von der im Fokus stehenden Aufgabe ablenken können.

Entsprechend dieser Funktion wurde auch eine Wirkung von Acetylcholin auf das mesolimbische Dopaminsystem gefunden. Reize, die mit Belohnung assoziiert sind, aktivieren eine bestimmte Gruppe cholinerger Zellen, die ihrerseits die dopaminergen Zellen stimulieren.

Eine konzentrierte - durch Acetylcholin modulierte - Tätigkeit selektiert offenbar Reize, die dann vom Individuum über verstärkte Dopaminausschüttung als „belohnungs-relevant" bewertet werden.

Für motivationale Maßnahmen ist aus dieser Perspektive gesehen offenbar wichtig, dass eine konzentrierte und fokussierte Aufmerksamkeit auf diese gerichtet werden kann und dass Klarheit im Sinne einer deutlichen Erwartungshaltung darüber herrscht, auf was sich das Verhalten richten soll. Dann kann eine Kaskade von Acetylcholin zu Dopamin zielgerichtetes und motiviertes Verhalten - neben den anderen auslösenden Faktoren – offenbar auch verursachen.

Literaturverzeichnis

Cialdini, Robert B. (20]11): Influence. The psychology of persuasion. Rev. ed., [Nachdr.]. New York, NY: Collins.

Cialdini, Robert B. (2019): Die Psychologie des Überzeugens. Unter Mitarbeit von Helmut Winkelmann. Leipzig, Frankfurt am Main: Deutsche Nationalbibliothek.

Collins, Jim (2019): Der Weg zu den Besten. Die Sieben Management-Prinzipien für dauerhaften Unternehmenserfolg, plus E-Book inside (ePub, mobi oder pdf). 2., erweiterte Auflage, erweiterte Ausgabe. Frankfurt: Campus.

Covey, Stephen R. (2018): Die 7 Wege zur Effektivität. Prinzipien für persönlichen und beruflichen Erfolg. 51., überarbeitete Auflage. Offenbach: GABAL.

Csikszentmihalyi, Mihaly (1993): Das Flow-Erlebnis. Jenseits von Angst und Langeweile: im Tun aufgehen. 5. Aufl. Stuttgart: Klett-Cotta (Konzepte der Humanwissenschaften: Psychologie).

Damasio, Antonio R. (2015): Descartes' Irrtum. Fühlen, Denken und das menschliche Gehirn. 8. Aufl. München: List (List-Taschenbuch, 60443).

Drucker, Peter F. (2008): The essential Drucker. The best of sixty years of Peter Drucker's essential writings on management. First Collins Business Essential paperback edition. New York, London, Toronto, Sydney: Harper.

Ekman, Paul (2017): Gefühle lesen. Wie Sie Emotionen erkennen und richtig interpretieren. 2. Auflage, Nachdruck. Berlin, Heidelberg: Springer. Online verfügbar unter http://www.springer.com/.

Fisher, Roger; Ury, William; Patton, Bruce; Egger, Ulrich (2013): Das Harvard-Konzept. Der Klassiker der Verhandlungstechnik. 24. durchgesehene Auflage. Frankfurt am Main: Campus Verlag.

Goffee, Robert; Jones, Gareth (2015): Why should anyone be led by you? What it takes to be an authentic leader; with a new preface by the authors. Boston, Massachusetts: Harvard Business Review Press.

Goleman, Daniel (2004): Emotionale Intelligenz. Ungekürzte Ausg., 16 Aufl. München: Dt. Taschenbuch-Verl. (dtv, 36020).

Häusel, Hans-Georg (2015): Top Seller. Was Spitzenverkäufer von der Hirnforschung lernen können. 1. Aufl. s.l.: Haufe Verlag (Haufe Fachbuch, v.1367). Online verfügbar unter http://gbv.eblib.com/patron/FullRecord.aspx?p=2009705.

Kahneman, Daniel (2017): Schnelles Denken, langsames Denken. 1. Auflage. München: Penguin Verlag.

Kotter, John P. (2011): Leading change. Wie Sie Ihr Unternehmen in acht Schritten erfolgreich verändern. München: Vahlen.

Lang, Frieder R.; Lüdtke, Oliver: Der Big Five-Ansatz der Persönlichkeitsforschung. Instrumente und Vorgehen. In: Persönlichkeit und neurotische Entwicklung: frühe Schriften (1904 - 1912). Wiesbaden, Göttingen: VS Verlag für Sozialwissenschaften; Vandenhoeck & Ruprecht.

Looss, Wolfgang (2002): Unter vier Augen. Coaching für Manager. München: Redline Wirtschaft bei Verl. Moderne Industrie.

Mintzberg, Henry (2005): Manager statt MBAs. Eine kritische Analyse. 1., Aufl. Frankfurt am Main: Campus.

Mintzberg, Henry; Ahlstrand, Bruce W.; Lampel, Joseph (2005): Strategy-Safari. Eine Reise durch die Wildnis des strategischen Managements. Heidelberg: Redline Wirtschaft (Manager-Magazin-Edition).

Nohria, Nitin; Joyce, William; Roberson, Bruce (2005): Was wirklich funktioniert. Die acht besten Managementmethoden. Campus-Hörbücher. 1 Audio-CD. Hamburg: Manager-Magazin-Verl.-Ges.

Page, Rick (2002): Hope is not a strategy. The 6 keys to winning the complex sale; a simplified, six-step process to manage competitive sales and prepare your sales team for the new millenium; proven by world-class sales and consulting organizations. New York NY u.a.: McGraw-Hill.

Peters, Thomas J.; Waterman, Robert H. (1989): Auf der Suche nach Spitzenleistungen. Was man von den bestgeführten US-Unternehmen lernen kann. 12. Aufl. Landsberg am Lech: Verl. Moderne Industrie.

Pfeffer, Jeffrey; Sutton, Robert I. (2001): Wie aus Wissen Taten werden. So schließen die besten Unternehmen die Umsetzungslücke. Frankfurt/Main: Campus-Verl.

Pfeffer, Jeffrey; Sutton, Robert I.; Stockfleth, Bettina von (2007): Harte Fakten, gefährliche Halbwahrheiten und absoluter Unsinn. Berühmte Managementthesen auf dem Prüfstand. München: Pearson Business.

Roth, Gerhard (2008): Persönlichkeit, Entscheidung und Verhalten. Warum es so schwierig ist, sich und andere zu ändern. 4. Aufl. Stuttgart: Klett-Cotta.

Roth, Gerhard (2010): Wie einzigartig ist der Mensch? Die lange Evolution der Gehirne und des Geistes. Heidelberg: Spektrum, Akad. Verl.***5106597 (Spektrum-Akademischer-Verlag-Sachbuch).

Roth, Gerhard (2011): Bildung braucht Persönlichkeit. Wie Lernen gelingt. Stuttgart: Klett-Cotta.

Roth, Gerhard (2015): Persönlichkeit, Entscheidung und Verhalten. Warum es so schwierig ist, sich und andere zu ändern. 9., aktualisierte und erw. Aufl. Stuttgart: Klett-Cotta.

Roth, Gerhard; Grün, Klaus-Jürgen (2009): Das Gehirn und seine Freiheit. Beiträge zur neurowissenschaftlichen Grundlegung der Philosophie. 3. Aufl. Göttingen: Vandenhoeck & Ruprecht. Online verfügbar unter http://www.gbv.de/dms/faz-rez/FD120060313588917.pdf.

Roth, Gerhard; Strüber, Nicole (2015): Wie das Gehirn die Seele macht. 4. Aufl. Stuttgart: Klett-Cotta.

Seligman, Martin E. P. (2001): Pessimisten küßt man nicht. Optimismus kann man lernen. Vollst. Taschenbuchausg. München: Droemer Knaur (Knaur, 77574).

Seligman, Martin E. P. (2003): Der Glücksfaktor. Warum Optimisten länger leben. Bergisch Gladbach: Ehrenwirth.

Seligman, Martin E. P. (2014): Flourish - wie Menschen aufblühen. Die positive Psychologie des gelingenden Lebens. 2. Auflage. München: Kösel.

Senge, Peter M. (2017): Die fünfte Disziplin. Kunst und Praxis der lernenden Organisation. 11., völlig überarbeitete und aktualisierte Auflage, Sonderausgabe. Stuttgart: Schäffer-Poeschel Verlag.

Sprenger, Reinhard K. (1991): Mythos Motivation. Wege aus einer Sackgasse. Frankfurt/Main, New York: Campus-Verl.

Sprenger, Reinhard K. (2012): Radikal führen. 1. Aufl. Frankfurt am Main: Campus Verlag.

Suomala J. et al.: Neuromarketing: Understanding customers' subconscious responses to marketing. Technology Innovation Management Review, 2012, pp 12-21

Management-Persönlichkeitsmodelle auf dem Prüfstand der Hirnforschung und des Limbic® Ansatzes. Dr. Hans-Georg Häusel, München, Mai 2015, PDF-Dokument.

Menschliche Motivation. Zwischen populärwissenschaftlichen und psychologischen Grundannahmen und neurowissenschaftlicher Forschung, Rolf-Peter Koch, GRIN Verlag (15. November 2016)

Profiling-Systeme für Ihren Vertriebserfolg

Die von mir eingesetzten Verfahren des Profilings für die Bereiche Sozial-kompetenz, Management- und Führungsfähigkeiten und die Potenzialana-lyse der verkäuferischen Fähigkeiten sind ursprünglich vom Max-Plack-Institut entwickelt worden und werden seit Jahren von der DNLA GmbH in Emsdetten auf dem neuesten Stand der Erkenntnisse in den Management- und Verhaltenswissenschaften gehalten.
Folgende 3 Analysen setze ich überwiegend ein:

- Analyse sozialer und emotionaler Kompetenzfaktoren im Beruf.

- Analyse der Management- und Führungsqualität: 3 Bereiche der integ-rativen Führung werden untersucht: Führungsqualität, Kooperation und Konsens und unternehmerisches Denken und Handeln.

- Analyse der verkäuferischen Fähigkeiten: es wird untersucht, wie si-cher der Verkaufsprozess beherrscht wird.

Unter Nutzung dieser Analysen habe ich praxisbewährte Trainings- und Coachingmodule sowie längerfristige **Qualifizierungsinitiativen** für Ver-triebsteams entwickelt, die auf wissenschaftlich bewiesenen Methoden be-ruhen **(Evidence Based Management)**.

Jeder Mitarbeiter wird dort abgeholt, wo er/sie gerade steht, es werden **in-dividuelle Coachingpläne** erstellt. Weiterbildung mit der Gießkanne war gestern.

Für nähere Informationen stehe ich gerne in einem persönlichen Gespräch zur Verfügung.

Danksagungen

Meiner Frau danke ich für Ihre Unterstützung und Ihre Geduld, die besonders während einiger schwieriger Phasen beim Schreiben der Buchreihe „Gehirnwissen für den Vertrieb" gefordert wurde.

Danken möchte ich auch den vielen Vertriebsprofis, die ich begleiten durfte und von denen ich sehr viele der in diesem Buch aufgeführten Techniken, Denk- und Vorgehensweisen gelernt habe.

Die verkäuferischen Tipps sind aus hunderten von Coachings im Vertrieb abgeleitet, bei denen ich mit Neulingen im Vertrieb genauso gearbeitet habe, wie mit Top-Verkaufs-Profis. Von allen habe ich etwas gelernt und mitgenommen.

Besonderer Dank gilt meinen Freunden Andreas Skodowski und André Engelbrecht, die beide Vertriebsprofis sind und die mir mit wertvollen Beiträgen geholfen haben, dieses Buch praxisnah zu gestalten.

Die Quintessenz all dieser Kontakte ist in dieses Buch eingeflossen.

Der DNLA GmbH, die mich mit verhaltenswissenschaftlichen Profiling-Systemen unterstützt, danke ich für die Nutzung der beschriebenen Inhalte der Faktoren der Sozialkompetenz und der verkäuferischen Fähigkeiten erfolgreicher Menschen im Vertrieb.

Last but not least danke ich der Akademie für neurowissenschaftliches Bildungsmanagement (AFNB) und der Academy of neuroscience (AON) für die wertvollen und umfangreichen Studien, Erkenntnisse und unterstützenden Materialien, die es mir erst ermöglicht haben, dieses Buch zu schreiben.

Über den Autor

Rolf-Peter Koch
Neuroscience4Sales: gehirngerechte Vertriebspraxis

Ich bin Rolf-Peter Koch, verheiratet und habe zwei erwachsene Kinder.

Mein Lebensmittelpunkt ist das Ruhrgebiet, hier wohne ich seit 30 Jahren und habe die Mentalität und die klare Sprache der Menschen, die hier leben, sehr schätzen gelernt

20 Jahre lang habe ich in unterschiedlichen Unternehmen (amerikanischer und deutscher Konzern, australischer und deutscher Mittelstand) an verantwortlicher Stelle in Marketing und Vertrieb gearbeitet, bevor ich mich in 2009 entschlossen habe, mein Wissen und meine Erfahrung - auf eigenen Beinen stehend - weiterzugeben.

Nach einem managementwissenschaftlichen Studium bin ich sehr schnell im Marketing gelandet und war für die Vermarktung von Konsumgütern zuständig.

Als sich dann nach einigen Jahren Marketingarbeit die Gelegenheit bot, in den Vertrieb zu wechseln, stellte ich sehr schnell fest, das Marketing und Vertrieb oft auf einem anderen Planeten lebten und nicht selten auch in einer anderen Galaxie.
Kurz gesagt, ich musste handeln, weil ich unsicher war, welche Methoden des Verkaufens wirklich gut funktionierten. Ich wollte so schnell wie möglich die „Geheimnisse" erfolgreicher Verkäufer kennenlernen.

Am schnellsten lernt man, wenn man erfolgreiche Vorgehensweisen von Verkaufs-Profis adaptiert und das macht, was erfolgreich ist.

Da ich mit vielen Profis zusammenarbeiten durfte, habe ich sehr viel über erfolgreiche Vorgehensweisen im Vertrieb gelernt.
Und dabei gelernt, dass es keine „Geheimnisse" gibt, sondern dass jeder verkäuferische Erfolg auf einer systematischen und disziplinierten Anwendung von Methoden beruht, die allesamt transparent und erlernbar sind. Wir müssen es nur tun!

Sehr gute Verkäufer sind Zustimmungs- und Einwilligungs-Profis. Von Ihnen lerne ich immer noch jeden Tag etwas Wertvolles, um in der Kommunikation besser zu werden.

Als wissenschaftlich interessierter Mensch hat mich dann auch noch motiviert, zu wissen, was uns Psychologie und Hirnforschung zu bieten haben, um uns im Verkauf weiter zu bringen.

Als Mitglied der Akademie für neurowissenschaftliches Bildungsmanagement kann ich seit einigen Jahren auf Informationen von den anerkanntesten wissenschaftlichen Quellen zugreifen.
Hierzu zählen Quellen, wie z.B. das Max-Planck-Institut in Deutschland, berühmte Universitäten wie Harvard in den USA und renommierte Wissenschaftler unserer Zeit wie z.B. der Nobelpreisträger Prof. Dr. Eric Kandel oder der wohl bekannteste Neurobiologe Europas, Prof. Dr. Gerhard Roth.

Bei Professor Roth habe ich 2017 eine Masterausbildung in kognitiven Neurowissenschaften an der Academy of neuroscience abgeschlossen.
Mit dieser wissenschaftlichen Ausrichtung kann ich Menschen in Veränderungsprozessen besser begleiten.

Gleichzeitig kann ich jetzt nicht nur aus dem Bauch heraus erklären, warum gewisse Vorgehensweisen funktionieren und andere wiederum nicht.

Hiermit schließt sich der Kreis:

Die Verbindung des erworbenen Praxiswissens und die Erkenntnisse der Verhandlungs- und Verkaufspsychologie sowie der modernen Hirnforschung ermöglichen mir praxisnahe und gleichzeitig wissenschaftlich abgesicherte Vorgehensweisen in die tägliche Verkaufspraxis zu transferieren.

Ich wünsche Ihnen bei der Anwendung dieses Wissens viel Freude und hoffe, dass Sie dadurch mehr Leichtigkeit in Ihr tägliches Tun bringen werden und weniger Stress und dafür mehr Flow erleben.

Weiterhin wünsche ich Ihnen viel geschäftlichen Erfolg und eine gute Gesundheit, damit Sie das Gelernte auch „auf die Straße" bekommen.

Freuen Sie sich auch auf weitere Ratgeber aus der Reihe „Gehirnwissen für den Vertrieb".